Wolfgang Löhr
Viersen – so wie es war

Wolfgang Löhr

VIERSEN

so wie es war

Droste Verlag Düsseldorf

Redaktion und Layout: Kitty Rehmer

© 1979 Droste Verlag GmbH, Düsseldorf
Gesamtherstellung: Rheinisch-Bergische Druckerei, Düsseldorf
ISBN 3-7700-0542-2

Viersen um 1840. Das erste Merkmal der beginnenden Industrialisierung ist erkennbar: ein Fabrikschornstein. Die Lithographie, die von der Gladbacher Druckerei B. Kühlen verlegt wurde, ist Teil eines Sammelblattes mit 13 Ansichten von Mönchengladbach und Umgebung

Viersen zu Anfang des 19. Jahrhunderts: ein großes und schönes Dorf

Im Jahre 1804 erschien in Aachen ein Buch mit dem Bandwurmtitel »Geographie und Geschichte des Herzogthums Berg, seiner Herrschaften, der Grafschaft Homburg, und der Herrschaft Gimborn-Neustadt; der Grafschaft Mark, der ehemaligen Stifter Essen und Werden, der Grafschaft Limburg und der Stadt Dortmund; des Ruhrdepartements und des ehemaligen österreichischen Herzogthums Limburg, jetzt ein Theil der Ourte- und Niedermaasdepartemente«. Autor war Johannes Schmidt, der sich als »Lehrer und Erzieher der Jugend zu Stollberg bei Aachen« bezeichnete und vormals Pastor in Pfalzdorf bei Kleve gewesen war. Im Vorwort zu seiner Schrift berichtet er, daß er »keinen merkwürdigen Ort unbesucht gelaßen [habe], es mochte Stadt, Flecken oder Dorf seyn...« So kam er auch nach Viersen, das er wie folgt beschreibt:

»Vierssen ist ein in die Länge gebautes großes und schönes Dorf, hat eine gepflasterte Straße und eine katholische Kirche am nördlichen, und eine reformierte bald am südlichen Ende desselben. Die hier wohnenden Mennoniten halten sich nach Crefeld, zur Kirche ihrer Glaubensbrüder.

Die Nahrungszweige der Einwohner sind außer Ackerbau, Hornvieh und Bienenzucht, vorzüglich Weberei auf Gebild [würfelartig gemustertes Tischzeug], Leinwand, Seiden-, Sammet- und Floretband [Band aus Abfallseide] und Dobbelstein [gewürfeltes Zeug]; ferner Seifsiederei, Essigbrauerei, Hutmacherei und viele andere ländliche und städtische Gewerbe.« Ferner bemerkt er, daß auf den Feldern Weizen, Roggen, Gerste, Hafer, Buchweizen, Erbsen, Flachs und Raps »in großer Menge und Vollkommenheit« wüchsen, daß die Bewohner fleißig und arbeitsam wären und man überall »das Klirren der Webstühle und das Rauschen der Spuhlen« höre. Zwei Jahre zuvor hatte Schmidts Mitbürger, der Stolberger Pfarrer Heinrich Simon van Alpen, in seiner »Geschichte des fränkischen Rheinufers« Ähnliches festgestellt. »Die Lage«, so schreibt er, »ist in einem sanften Thale, ungemein reizend. Schattige Erlen, fette Wiesen, Obstbaumpflanzungen, Felder und Gärten wechseln lieblich miteinander ab. Vierssen ist ein heiterer, schöner gepflasterter Ort, hat einige prächtige Gebäude, im Durchschnitt reinliche Häuser und wohlhabende Bürger. Die Hauptkirche ist katholisch. Der angesehenste Theil der Einwohner und die netteste Kirche ist reformiert. Neben der Ackerschaft und Viehzucht ernähren sich die mehresten Bewohner von der Weberei und Spinnerei. Das Sammetband und überhaupt die schönste Possamentirarbeit [Bandgewebe] beschäftigt viele Hände. Der Leinenhandel ist sehr beträchtlich. Die feinsten

Stölpen [Leinenart], wovon man fünfzig Ellen [eine brabanter Elle = 0,695 cm] bequem in die Tasche stecken kann, werden hier gemacht, zu Harlem gebleicht, und nach Holland und England verkauft. Es wird hier Garn so fein gesponnen, daß das Pfund eine Karoline [eine Goldmünze von 9,74 Gramm] zu spinnen kostet.« Wie Schmidt, so widmete auch der ehemalige französische Präfekt, Baron Ladoucette in seiner 1818 in Paris erschienenen Beschreibung des Roerdepartements (Voyage entre Meuse et Rhin) Viersen einige wohlmeinende Zeilen. Er erwähnt die fruchtbaren Felder und Wiesen um den Ort, die »buschigen Ulmen« entlang der Niers und das Geräusch der Webstühle und Spinnräder, das aus den zerstreut liegenden Häusern schallt. Er fährt fort: »In einer malerischen Lage hat man ein langgestrecktes Dorf oder eher einen Flecken (bourg) errichtet, dessen Straßen breit und regelmäßig gezogen sind, dessen Häuser elegant und bequem sind.« Er weist auf die katholische und evangelische Kirche und Schule hin und vergißt auch die Mennoniten nicht, die zur Gemeinde Krefeld gehörten. Viersen, das einen eigenen Kanton bilde, zähle 6000 Seelen. Der Nordkanal würde einmal große wirtschaftliche Vorteile bringen. Der Bürgermeister Dietrich Preyer habe ihm – Ladoucette – Seifensiedereien, Goldschmiedewerkstätten, Ziegeleien, Hutmacherwerkstätten, Schnaps- und Essigbrennereien, verschiedene Band- und Tuchwebereien, Bleichereien, Spinnereien und Baumwollwebereien gezeigt. Besonders stellt er Preyers Manufaktur heraus, »sowohl wegen seiner englischen Maschinen, als auch wegen der Prächtigkeit seines Unternehmens«.

Dann folgt eine eigentümliche Bemerkung. Ein Herr Berger, Tuchfabrikant zu Viersen, behaupte, das griechische Feuer (ein schießpulverähnliches Gemisch aus Kohle, Schwefel und anderen brennbaren Stoffen mit Salpeter, das die Griechen im Krieg unter Justinian benutzten und das auch unter Wasser gebrannt haben soll) wieder entdeckt zu haben. »Dies ist«, so meint Ladoucette, »die einzige zerstörerische Erfindung, die in Vergessenheit geraten war. Wir sollten dem Geist des Bösen keine neue Waffen liefern.« Diese Erfindung Bergers ist sonst nirgendwo mehr erwähnt. Hat man Ladoucette einen Bären aufgebunden, hat der Unternehmer moralische Bedenken bekommen oder war die Erfindung belanglos? Wir wissen es nicht. Als fünfzehn Jahre später, 1833, das Buch »Die Rheinprovinz der preußischen Monarchie« in Düsseldorf erscheint, das für sich in Anspruch nimmt, »aus den neuesten Quellen« zu schöpfen und »von mehreren Gelehrten« zusammengestellt zu sein, ist nicht einmal mehr die Firma von Berger, die noch um 1830 als Baumwollen- und Halbseidenfabrik erscheint, unter den »bemerkenswerthen Fabriken« genannt. Wir finden dort aufgeführt »die Seiden-Manufactur des Herrn Friedrich Diergardt und die Baumwollen- und Halbseiden-Manufacturen der Herren Friedrich Adolph Schleicher et Sohn, Mathias Furmann et Söhne, Friedrich Lorentz, Jacob Müling und Eyring und Lingenbrinck, welche Letztere in diesem Augenblick auch mit Anlegung einer nicht unbedeutenden Dampf-Weberei und Spinnerei beschäftigt sind...«.

Viersen wird hier nicht mehr als Dorf bezeichnet, sondern als »ein gut gebauter Flecken«, was in diesem Werk soviel wie Stadium zwischen Dorf und Stadt besagt. Für den inneren Bezirk werden 450 Häuser mit 3600 Einwohnern gezählt. Die Bürgermeisterei insgesamt mit dem Dorf Rintgen, den Bauerschaften Beberich, Bockert, Hoser, Hamm, Heimer, Rahser und Ummer sowie der Honschaft Helenabrunn, die irrtümlich als ehemaliges Kloster, wohl wegen des Namens, bezeichnet wird, habe 1100 Häuser mit 8421 Einwohnern, wovon sich 7799 zur katholischen, 574 zur evangelischen und 48 zur jüdischen Konfession bekannten. Es ist auffallend, daß die Autoren des Buches von 1833 Fabrik und Manufaktur synonym gebrauchen. Als entscheidende Kriterien für eine Fabrik gilt nach J. Kermann »der geschlossene, arbeitsteilige Großbetrieb mit Mechanisierung und Motorisierung... Die Manufaktur hebt sich von dieser Betriebsform dadurch ab, daß sie ohne oder ohne wesentliche Maschinerie auskommt.« Danach kann nur das Unternehmen Eyring und Lingenbrink als Fabrik bezeichnet werden, weil dort seit 1833 für die Spinnerei und Weberei eine Dampfmaschine stand. Von den anderen Firmen hatte wahrscheinlich nur die Firma von Fr. Diergardt, die 800–900 Seiden- und Samtweber beschäftigte, den Rang einer Manufaktur, weil sie eine eigene Färberei unterhielt und die Arbeiten vor dem eigentlichen Webvorgang zentralisiert hatte. Die übrigen Unternehmen waren vermutlich sogenannte »Verlage«, die Hausweber für sich arbeiten ließen. Ihre Produkte gaben sie zur Weiterverarbeitung fort und verkauften sie anschließend. Manchmal gehörten auch die Webstühle den Verlegern. Übrigens wird man auch die 1833 in der zitierten Beschreibung der Rheinprovinz nicht aufgeführte Firma von P. Preyer, die 1811 hundert Hausweber hatte, unter die Manufakturen rechnen müssen. Die Preyers betrieben damals vermutlich auch schon eine Handlung mit Englischgarn. Sie müssen zu Anfang des 19. Jahrhunderts recht vermögend gewesen sein, da Paul Preyer aus beschlagnahmtem kirchlichen Besitz für 32 000 Franken Land und Häuser erwarb. Er, wie auch der bei Ladoucette genannte Dietrich Preyer, stellte sich ganz auf die neue französische Herrschaft seit 1794 ein. So wurde Paul Preyer 1798 der erste Viersener Munizipalagent. Von 1808–1810 war er Maire (Bürgermeister) von Viersen. Dietrich wurde 1812 Bürgermeister und blieb dies auch in der Preußenzeit bis 1846, also 36 Jahre lang, ein Viersener Bürgermeisterrekord. Außerdem ein Beispiel dafür, daß die Preußen nach der Franzosenzeit bewährte Würdenträger und Beamte in ihren Stellungen beließen. Die Franzosenzeit brachte für den Ort mancherlei tiefgreifende Veränderung. Der Viersener Schöffe Matthias (Matys) Michels hat darüber Zeugnis gegeben, als er seine »Denck- und merckwürdige(n) Begebenheiten in diesem letzten ablaufenden Seculo, 1780 anfangent und ferner, was sich für selzame Begebenheiten bis 1800 zugetragen haben«, niederschrieb, die eine unverfälschte Quelle sind, aus der man die wahre Stimmung unter der Viersener Bevölkerung ablesen kann. Michels war ein gescheiter Mann, der von einem Bauernhof in Rahser

Paul Preyer, erster Viersener Munizipalagent, wie in der Franzosenzeit das Gemeindeoberhaupt hieß. Im Jahre 1808 wurde er Maire, d.h. Bürgermeister. Er gehörte einer wohlhabenden Viersener Familie an, die sich aus wirtschaftlichen Erwägungen in den Dienst der neuen Herrn stellte

stammte. Von ihm erfahren wir, daß große Furcht herrschte, nachdem die Franzosen am 11. Oktober 1794 in Viersen einmarschiert waren, daß deshalb die Geistlichen flüchteten und sich versteckten, viele Leute ihre Häuser verschlossen hielten, andere wiederum ihre Kinder packten, ihre Häuser offen ließen und wegliefen. Etlichen Mädchen seien »die Kreuzer durch die Soldaten vom Hals gerißen«, anderen sei der Geldbeutel gestohlen worden. Er vermerkt, daß die Franzosen 1795 die fast wertlosen Assignaten als Zahlungsmittel einführten und zählt die gewaltigen Kriegskontributionen auf, die der Gemeinde aufgeladen wurden. Natürlich fehlt auch nicht der Hinweis auf das Aufpflanzen des Freiheitsbaumes am 3. Oktober 1798 auf dem alten Markt mit der Aufschrift »Freiheit, Gleichheit, Brüderlichkeit oder Tod«.

Irgend jemand, dessen Name trotz einer ausgesetzten hohen Belohnung nie bekannt wurde, muß als Begleitmusik in der Nacht zum 4. Oktober einen »Flintenschuß mit Wolfshageln« abgefeuert haben, der so wuchtig war, daß 31 Glasscheiben zertrümmert wurden. Außerdem soll auch das Holzgitter, das den Freiheitsbaum umgab, zerstört worden sein. Ein Beleg dafür, daß man die neuen Machthaber ablehnte, oder ein Schabernack? Gegen letzteres spricht, daß für die Franzosen der Freiheitsbaum ein nationales Symbol, so heilig wie die Trikolore, war. Dennoch sollte man diese Unmutsäußerung nicht überbewerten. Die Bevölkerung

verhielt sich überall weitgehend passiv. Besonders schmerzlich berührte den Chronisten die Kirchenfeindlichkeit der französischen Republikaner. Doch »die auf Erden gebaute und auf Felsen gegründete Kirch Christi werden sie nicht im Stande sein zu untergraben«, tröstete er sich. Was die Stunde geschlagen hatte, wurde klar, als am 2. August 1802 das Kloster der Schwestern des franziskanischen Dritten Ordens St. Pauli Bekehrung aufgehoben wurde und die 12 Schwestern, die ihren Lebensunterhalt durch Wollespinnen und Textilarbeiten verdient hatten, für immer ihr Kloster verlassen mußten. 1798 hatten sie sich zwar an einer überschwenglichen Huldigungsadresse an die französischen Machthaber beteiligt, in der der Wunsch ausgedrückt wurde, Viersen der Grande Nation anzuschließen, was ihnen aber auch nichts mehr half. »Die Schwestern hatten«, so schreibt Norrenberg nicht ohne Pathos in seiner Gladbacher Dekanatsgeschichte, »weinend das stille Asyl der Keuschheit, des Gebetes und der Arbeit verlassen. Verödet war die Stätte, die durch die Veranschaulichung eines Lebens christlicher Tugend ... eine Bildungsstätte für das Volk gewesen war und dadurch Jahrhunderte hindurch die Konflikte des sozialen Lebens ferngehalten, verschüttet war die Quelle, aus der Ströme der Nächstenliebe geflossen waren.« Das Klostergebäude kaufte 1811 ein Johann Hoening aus Dülken für 13 100 Franken. Es wurde in ein Fabrikgebäude umgewandelt. Heute zeugen von dem ehemaligen Kloster nur noch die Klosterstraße und

Dietrich Preyer. Er wurde im Jahre 1812 Bürgermeister von Viersen und blieb es bis 1848. In seiner »Regierungszeit« *wurden die Fundamente für die Entwicklung des Fleckens Viersen zur Industriestadt gelegt*

die Straße »Am Klosterweiher« sowie das Heiligenhäuschen an der Ecke Klosterstraße/Am Klosterweiher, das 1720 errichtet worden war. Früher war darin zeitweise die sogenannte »Mirakelmadonna« aufgestellt gewesen, die jetzt in der Josefskirche steht. Darüber später. Von dem Inventar der Klosterkirche sind außerdem noch die »Schmerzhafte Muttergottes« in der Remigiuskirche und das Chorgestühl, das die 1800 unter den Franzosen gegen den Willen des Pfarrers an St. Remigius abgetrennte Pfarrei Helenabrunn (mit Heimer und Ummer) erhalten hatte, vorhanden.

Nachdem Napoleon sich durch ein Konkordat 1801 mit der katholischen Kirche ausgesöhnt hatte, muß auch die Stimmung in Viersen den Franzosen gegenüber freundlicher geworden sein. Denn als der durch Napoleons Gunst zum ersten Bischof von Aachen berufene Marc Antoine Berdolet, der, wie wir heute durch die Arbeit von Klaus Friedrich wissen, ein guter Seelsorger und Vorkämpfer für die Sorge um die sozial Schwachen gewesen ist, 1802 Viersen besuchte, wurde er »von der katholischen Bevölkerung als der erste kirchliche Würdenträger nach den Jakobinergreueln und Religionsbedrückungen mit herzlichem Jubel empfangen (Lohmann)«. Als er am 5. Oktober gegen 4 Uhr nachmittags von Dülken nach Viersen kam, wurde er von Schülern der höheren Schule am Markt mit einigen wohl eingeübten französischen Sätzen begrüßt. Die Jungen drückten ihre Freude aus, den Bischof in ihrem Dorf (village) willkommen

heißen zu dürfen, priesen die nun herrschende, vollkommene Harmonie zwischen Staat und Kirche sowie die erreichte freie Religionsausübung und baten um den bischöflichen Segen. Berdolet war sichtbar überrascht. Er hielt eine Ansprache in der Remigiuskirche, deren Schlüssel ihm von einigen Kindern überreicht worden waren, und spendete den Segen. 1808 wurde der Pfarrer an St. Remigius, Johann Conrad Menghius besonders ausgezeichnet, als er vom Pfarrer 2. Klasse zum Pfarrer 1. Klasse mit der dazugehörenden Gehaltsaufbesserung befördert wurde. Zunächst hatten nur die Städte, deren Bürgermeister Napoleon persönlich ernannt hatte, diesen Rang. Berdolet bemühte sich mit Erfolg, besonders verdiente Pfarrer seiner Diözese mit einer Rangerhöhung zu ehren. Zu diesen wenigen gehörte auch der Viersener Kantonalpfarrer. Wenn man heute noch vielerorts die Vorsteher einiger Pfarren als Oberpfarrer bezeichnet, so ist dies eine letzte Erinnerung an die ehemaligen französischen Kantonalpfarrer. Ob Menghius wegen des würdigen Empfangs von Berdolet in Viersen ausgezeichnet wurde, ist fraglich. Es haben wohl eher die seelsorgerischen Qualitäten von Menghius eine Rolle gespielt. Das offizielle Viersen schien schon vor dem Besuch Berdolets seinen Frieden mit den Franzosen gemacht zu haben. 1798 hatten die Notabeln die schon erwähnte Ergebenheitsadresse verfaßt, die in dem Satz gipfelte, daß die Wiedervereinigung mit der Mutter Frankreich (notre réunion à notre mère-patrie)

Das alte Gemeindewappen in einer etwas unbeholfenen Gestaltung aus dem 19. Jahrhundert. Der Löwe, den Viersen als Geldrische Gemeinde führte, trägt hier übrigens versehentlich keine Krone, wie es sonst üblich ist

der schönste Augenblick ihres Lebens würde (Ce moment sera le plus beau de notre vie). Die Adresse trug 604 Unterschriften. Wir finden bekannte Namen wie Preyer, Pferdmenges und Lingenbrink darunter. Neben den Schwestern des Paulsklosters hatten, wie eben angeführt, auch der katholische Pfarrer J. A. Dorenbosch und der Rektor A. Cappel die Huldigung mit unterzeichnet. Da in der Adresse u. a. auch von dem häßlichen Monster des Feudal- und Priesterdespotismus (ce monstre hideux du despotisme féodal et sacerdotal), das nun verschwinden solle, die Rede war, darf man an der Aufrichtigkeit zum mindesten der Geistlichen und Schwestern zweifeln und darin eher den Versuch einer Anpassung sehen. Wie wenig die Geistlichkeit von den Franzosen begeistert war, geht deutlich aus einem Bericht des französischen Kommissars in Viersen, P. Thouminy, von 1799 hervor, in dem er schreibt, daß »das größte und einzige Hindernis für die neuen Einrichtungen« die Priester

mit ihrem Einfluß seien. Die Zahl der Feinde der Republik sei groß. Aber alle seien sehr furchtsam. Gefährlich sei nur die Geistlichkeit, die er unermüdlich überwache. Bei den Fabrikanten (Preyer, Pferdmenges, Lingenbrink u. a.) spielten sicherlich wirtschaftliche Erwägungen eine große Rolle, die sie die Adresse unterschreiben ließen. Man hoffte, daß »die Ausdehnung Frankreichs bis an den Rhein Handel und Gewerbe des linken Ufers endgültig von der lähmenden Kriegsnot befreien werde... (Hansen).« Darin hatten sie sich nicht getäuscht. Viersen kam, wie das ganze linke Rheinufer, nachdem es französisch geworden war, in den Genuß der französischen Schutzzölle und der Wirtschaftsförderung. Die westfälische, schlesische und später auch bergische Konkurrenz der Textilmanufakturen wurde beseitigt. Der große französische Markt stand offen. Die Wirtschaft erlebte eine nie gekannte Blüte. Selbst die Veredlung der Leinengewebe in Holland blieb möglich. Die in den Niederlanden gebleichten Gewebe konnten zollfrei wiedereingeführt werden. 1806, bei Einführung der Kontinentalsperre, wurde diese Erlaubnis zunächst entzogen. Aber Rheydter und Viersener Fabrikanten beschwerten sich, und ab 1807 wurde durch die Einführung eines Passierscheinsystems das Bleichen in Holland erneut möglich. Immerhin lebten 4700 Familienväter aus Viersen und Umgebung von der Leinwandherstellung. 150 verdienten damals auch schon in der Seiden- und Samtweberei ihr Geld, nachdem die Handelsprivilegien der Krefelder, für die der eine oder andere schon im Auftrag gewebt hatte, durch Frankreich gefallen waren. Von der Viersener Bevölkerung lebten bereits 1790 45 Prozent von der Weberei, 1 Prozent vom Leinenhandel, 8 Prozent von Handel und Handwerk und der Rest von der Landwirtschaft. Die Weber hatten 1798 zumeist (78 Prozent) kein eigenes Land mehr und waren ganz auf ihr Gewerbe angewiesen.

Die Einverleibung des linken Rheinufers durch Frankreich führte natürlich auch zu einer administrativen Neuordnung. 1798 wurde die Departementalverfassung eingeführt. Viersen kam zum Roerdepartement und bildete zunächst mit den Gemeinden Dülken und Süchteln einen Kanton; dann ab Mai 1798 einen eigenen allein, obgleich Viersen nicht, wie erforderlich, 5000, sondern nur 4416 Einwohner zählte. Warum es zu diesem Irrtum kam, ist unbekannt. In der neupreußischen Zeit ab 1815 – Viersen hatte ja schon einmal von 1713 bis 1794 zu Preußen gehört – erlebten die Leinenmanufakturen eine schwere Absatzkrise. Das französische Schutzzollsystem fiel weg, Absatzgebiete gingen verloren. Auch als die Preußen 1818 die Binnenzölle – zunächst war man beim Absatz auf das Rheinland und Westfalen angewiesen – für die eigenen Provinzen aufhob, verbesserte sich die Lage nicht, weil jetzt die alte Konkurrenz wieder da war. Außerdem griff die verarmte Bevölkerung lieber nach den billigeren Baumwollstoffen als nach der teuren Leinwand. 1822 gingen in Viersen nur noch 25 Webstühle gewerbsweise und 20 als Nebenbeschäftigung zu Leinen. Diese Zahl schrumpfte laufend bis zur Bedeutungslosigkeit. Durch modische Veränderungen ging auch die Samtbandweberei zurück, deren Produkte einmal typisch für viele Landestrachten gewesen waren. Die Manufakturen und Verleger, die viele einst selbständige Weber in Lohnauftrag nahmen, produzierten nun zumeist Baumwoll-, Halbbaumwoll- und Halbseidenwaren, wie auch aus dem genannten Bericht von 1833 hervorgeht. Dort wird nur die Manufaktur von Friedrich Diergardt als reine Seidenmanufaktur bezeichnet. Dieser Unternehmer, der am 25. März 1795 in Moers als Sohn des Predigers Johann Heinrich Diergardt und der Susanna Rappard geboren worden war und 1816 sein Samt- und Samtbandgeschäft von Süchteln nach Viersen verlegt hatte, verstand es, selbst in schwierigen Zeiten sein Unternehmen immer weiter auszubauen. Als seine Vertreter in Spanien mitteilen, daß die in Viersen gewebten Bänder mit den doppelt gewebten aus Lyon in Frankreich nicht konkurrieren können, läßt er einen Mitarbeiter die Lyoneser Technik studieren und richtet dann im

Rahser eine Lehrwerkstätte für seine Hausweber ein, um sie dort in der neuen Methode zu unterrichten. Im Jahre 1823 erwirkt er für Doppelband ein preußisches Patent, und Friedrich Wilhelm III. zeichnet ihn mit dem Roten Adlerorden III. Klasse aus. In England kundschaftet er selbst eine neue Seidenbearbeitungsmaschine aus, die er sogar trotz Ausfuhrverbotes aus Großbritannien herauszubringen weiß. Der Samt der Firma Diergardt, bei der 1834 1500 Personen unter Vertrag stehen, ist so gut, daß er sogar von Lyoneser Handelshäusern den heimischen Produkten vorgezogen wird. 1836 wird der erfolgreiche Unternehmer zum ersten Präsidenten des neu errichteten Fabrikgerichts in Gladbach gewählt und zum Kommerzienrat ernannt. Weitere Ehren folgen. 1842 erhält er sogar den Titel eines »Geheimen Commerzienraths«. 1854 verleiht ihm der bayerische König den Michaelsorden und im Jahr darauf Napoleon III. das Offizierskreuz der französischen Ehrenlegion. Wieder ein Jahr später erhält er von dem preußischen König Friedrich Wilhelm IV. die hohe Auszeichnung des Roten Adlerordens II. Klasse. 1860 wird er Freiherr und ins Herrenhaus berufen. Schon seit 1843 hatte er sich politisch betätigt und für die Wiedererrichtung des staatlichen Tabakmonopols gekämpft. 1863, beim fünfzigjährigen Geschäftsjubiläum, waren bei ihm 3200 Weber, Appreteure u. a. unter Vertrag. 950 Samt- und 75 Samtbandstühle liefen für ihn. Das eigentliche Geschäftspersonal umfaßte 26 Personen nebst acht Arbeitern in seiner Weberei im Rahser, einigen Werkmeistern, Schreinern und einem Seidenzurichter und Boten. Fünf Personen arbeiteten in Diergardts Brauerei. Diergardt war vielseitig interessiert und engagiert. Er beschäftigte sich mit Verkehrsfragen und war ein Sparkassenpionier. Auch die Regierung bediente sich seines Rates und seiner Erfahrung in Wirtschafts- und Finanzfragen. Doch »der Mann, der rastlos und scharfsinnig zu erwerben verstand, (wußte) auch großherzig zu geben, auch für die Gemeinde und ihre Bevölkerung, die unter und neben ihm zu seinem Emporkommen beigetragen hatte (Lohmann)«. Diesen Satz sollte man noch einmal lesen, weil Lohmann hier feststellt, daß Diergardt trotz aller Unternehmerqualitäten auf die Hilfe und Mitarbeit anderer angewiesen gewesen ist, natürlich besonders seiner Arbeiter. Für sie hat Diergardt vieles getan, weil er sich für sie wie ein Vater für seine Kinder verantwortlich wußte. Ob er sich außerdem verpflichtet fühlte, ihnen durch seine sozialen Stiftungen etwas über den Lohn hinaus von seinem Reichtum abzugeben, läßt sich bei der bisher kaum erforschten Ideenwelt Diergardts nicht entscheiden. Der spätere Basler Nationalökonom Alphons Thun, der die Lage der Fabrikarbeiter am Niederrhein sorgfältig und unvoreingenommen studierte und auch auf das Übel der gerade am Niederrhein verbreiteten Kinderarbeit mit Zwölfstundentag nachdrücklich aufmerksam gemacht hat, konnte jedenfalls jene boshafte Geschichte nicht für sich behalten, die sich 1848 während des »Viersener Revolutiönchens« zugetragen haben soll. »Die Weber zogen«, so erzählt er, »vor des Freiherrn von Diergardt Haus und trugen ihre Beschwerden vor. Jener antwortete in

Dieses alte Fachwerkhaus stand einst auf der Großen Bruch-straße. Da die oberen Fenster mit Brettern vernagelt sind, *wird diese Aufnahme kurz vor dem Abbruch des Hauses im Jahre 1912 gemacht worden sein*

einer beruhigenden und sehr schönen Rede, am anderen Morgen wurde erhöhter Lohn ausgezahlt, aber bei jedem Weber ein Stuhl stillgelegt. Das kam so unerwartet, die Arbeiter waren vollkommen perplex und konnten nicht einmal recriminiren (= Gegenbeschuldigungen machen), denn der Freiherr war in der nämlichen Nacht nach Berlin abgereist.« Sieht man einmal davon ab, daß Diergardt damals noch kein Freiherr war – das brauchte Thun nicht zu wissen –, so steht dies im Widerspruch zu seinem sonstigen Verhalten. Diergardt hatte z.B. 1847 in Gladbach eine Versammlung zur Linderung der Not der Arbeiterschaft geleitet und im März 1848 an Gustav von Mevissen geschrieben: »Ich werde keine Opfer scheuen, um meine zahlreichen Arbeiter zu beschäftigen, obgleich mit jeder Post Briefe einlaufen, keine Waren abzusenden.« Dieser Brief schließt mit den Worten: »Ich habe die Beruhigung, ehrlich getan zu haben, was in meiner geringen Kraft lag, und sehe getrost der Zukunft entgegen, die Angelegenheiten mögen sich gestalten, wie sie wollen.« Andererseits liest man bei Lohmann, daß vor dem Privathaus Diergardts, das am alten Markt lag, Schutzwa-chen aufgestellt wurden, was ein Zeichen dafür sein kann, daß er nicht gerade beliebt war. Und der Viersener Bürger-meister Mathieu weiß in einem Schreiben vom 16. Juni 1848

an den Landrat zu Gladbach van der Straeten zu berichten, daß in Dülken auf einer Zusammenkunft am 5. Juni »die fürchterlichsten Drohungen gegen die Fabrikanten, namentlich gegen Herrn Geheimen Commerzienrath Diergardt selbst ausgestoßen« worden seien und »ein großer Teil der Arbeiter mit Stockdegen und Pistolen bewaffnet« gewesen sein solle. Es wird auch mitgeteilt, daß inzwischen Diergardt abwesend sei. Doch am 2. November 1848 teilen fünf bei Diergardt beschäftigte Weber mit, daß sie »jetzt mit der Arbeit und dem Lohn, wie... (sie) solche von... (ihrem) Fabrikherrn erhalten, vollkommen zufrieden« seien und sich nicht den höheren Forderungen, wie sie die Krefelder Weber stellten, anschließen wollten. Sie wollten überhaupt nicht von den Krefeldern »gestört sein«, die die Schuld trügen, daß man im Jahr 1848 einige Monate »nicht vollauf Arbeit und Verdienst« gehabt habe. Das sieht so aus, als habe man den »Fabrikherrn« wieder besänftigen wollen. Es bleibt freilich eine Tatsache, daß Diergardt freiwillig eine Fülle von sozialen Einrichtungen gestiftet oder mitfinanziert hat, wie das Allgemeine Krankenhaus in Viersen, die Diergardt-Fortbildungsstiftung, die Sparkasse und schließlich die soge-nannte Diergardtstiftung in Höhe von 50 000 Talern, aus der verdiente Arbeiter unterstützt wurden. Die bekannteste

Alter Bauernhof an der Bachstraße. Dachform und Fachwerk entspricht einer ganzen Reihe anderer Höfe im Viersener Stadtgebiet

Stiftung war seine Alterssparkasse, aus der Prämien für Arbeiter aus dem Gewerbegerichtsbezirk Gladbach gezahlt wurden, die durch Beitritt in die Alterssparkasse für ihren Lebensabend vorsorgten. Als die Alterssparkasse nach Einführung der Sozialversicherung überflüssig wurde, wurden aus dem Stiftungskapital Ehrungen und Belohnungen für treue Arbeiter bezahlt. Die Ehrenurkunden aus der Diergardtstiftung, deren Kapital zwei Inflationen schließlich aufgezehrt hatten, sind noch bis in unsere Tage ausgestellt worden. Diergardt ist vor allem durch die neueren Arbeiten von Walter Tillmann, die hier u. a. benutzt wurden, nicht ganz vergessen. Ein anderer bedeutender Unternehmer aus Viersens industrieller Frühzeit ist beinahe unbekannt. Es ist Christian Mengen, der am 11. März 1769 in Viersen geboren wurde und im Gegensatz zu Diergardt katholisch war. Es gab zwar in Viersen überproportional viele evangelische Firmeninhaber wie Cunz (Seifenfabrik, gegründet 1798), Dürselen (Seide- und Samtbandfirma, gegründet 1853), Furmans und Goeters (Halbseide- und Halbwollwaren, Firma gegründet 1858), Greef (Seidenfirma, gegründet 1837), Peltzer (Seidenstoff, Firma gegründet 1856), Pferdmenges (Baumwolle, Halbwolle- und Halbseidewaren; Firma gegründet 1832), Preyer (Englischgarnhandlung,

gegründet 1735), Schleicher (Baumwoll- und Halbseidewaren, Firma gegründet 1806), doch auch eine Reihe katholische, darunter Mengen. Er war von 1794 bis 1814 als Leinenverleger tätig, stellte sich auf Halbbaumwoll- und Halbseidenwaren um, schließlich auf Möbelstoffe. Der Viersener Oberpfarrer Franz Joseph Schröteler, der Mengen noch persönlich gekannt hat, schilderte ihn 1861, zwei Jahre nach Mengens Tod, als einen »einfachen mit industriellem Scharfblicke begabten Mann«, dessen »unverdrossene Thätigkeit ... ihn erfolgreich manches Neue auf dem Gebiet der Fabrikation erfinden (ließ) und ... ihm nicht blos die Anerkennung seiner schönen Waaren auf den Märkten der Handelswelt (erwarb), sondern auch höchsten Ortes die aufmunterndste Würdigung seiner Verdienste um die Industrie seiner Heimath«. König Friedrich Wilhelm IV. habe ihm 1849 den Roten Adlerorden IV. Klasse – zwei Stufen unter Diergardt, der zugegebenermaßen bedeutender war – verliehen. Er sei zum Wohltäter der Gemeinde geworden, als er »aus seinen Mitteln« der »weiblichen Industrieschule« in Viersen »ein angemessenes Lokal« zur Verfügung gestellt habe. Am 28. Februar 1858 ist er gestorben. An ihn erinnert der Mengensteg nahe der Lindenstraße, wo seine Firma gelegen hatte.

Diese heute längst verschwundenen Häuschen standen einst Ecke Hof-/Vogteistraße. Die Aufnahme ist datiert und stammt aus dem Jahre 1906, als der lange Rock als Alltagskleidung noch üblich war, wie ihn die Frau im Hauseingang trägt

Solche verwinkelten Gassen waren in Viersen, so wie es war, nicht selten. Diese Häuschen standen einst am Neumarkt, der als Folge der kommunalen Neuordnung nun Gereonsplatz heißt. So romantisch solche Behausungen auch auf den ersten Blick aussehen mögen, uns würde es sicher schwerfallen, darin zu wohnen

Ein Haus in der Straße »Am Kloster«. Die Aufnahme stammt aus der Zeit um 1912. Um das Gebäude voll auf die Fotoplatte bannen zu können, scheint der Fotograf die beiden Schuljungen an den Bildrand gerückt zu haben

◁ *Die hier vielleicht idyllisch wirkenden Häuser waren es ganz und gar nicht. Es fehlte ihnen aller uns selbstverständlich gewordener Komfort. Sie standen auf der Heierstraße und sind 1912 abgerissen worden*

◁ *Die Noverhöfe haben eine lange Vergangenheit. Ein Hof »ten Over« in der Honschaft Beberich wird bereits im Jahre 1381 erwähnt*

Viersen hatte zu Ende des vergangenen Jahrhunderts nicht nur ländliche Wohnhäuser, obgleich sie im Zentrum recht häufig vorkamen. Es gab aber auch recht städtische Gebäude, wie dieses auf der Hauptstraße gegenüber der Einmündung der Bahnhofstraße

Der Tho-Riethhof, Fachwerkgebäude mit Pultdach aus dem ▷ Jahre 1661, wie der Torbalken ausweist

Der Hülserhof auf der Brunnenstraße, ein großzügiges Backsteingebäude um 1850. Er ist nicht mehr in der üblichen Fachwerkmanier gebaut

Der Gaesscheienhof an der Rahserstraße. Er ist im Jahre ▷ 1904 ein Opfer der Flammen geworden. Gaesscheien bedeutet soviel wie Wegscheide

Haus Riquier auf der Heierstraße um das Jahr 1912; davor stehen und spielen Schulkinder, die die damals üblichen Holzschuhe tragen

Nothers Butterhaus – es stand am Eingang der Löhstraße – war früher für die Viersener ein Begriff

Der Neumarkt, der so im Gegensatz zum Alten Markt an der Remigiuskirche hieß, auf einem um die Jahrhundertwende entstandenen Foto

Der Rahserhof im Ortsteil gleichen Namens, hier nach einem Gemälde eines Dr. Kaliser

Dies ist keine Fotomontage. Der geschickte Fotograf hatte von der Verbindungsgasse zwischen Goeters- und Rektoratstraße aus fotografiert und so den Weiher, an dem später seit 1896 die Hahnsche Badeanstalt war, mit auf das Bild gebannt

Viersen, Stadt im Landkreis Gladbach (1856–1929), Viersen kreisfrei (1929)

Am 13. Juni 1856 trat in Viersen, wie auch in anderen rheinischen Städten (Aachen, Bonn, Düsseldorf, Köln, Krefeld u. a.), die Städteordnung für die Rheinprovinz in Kraft, d. h. Viersen, das bisher noch nicht Stadt war, durfte nun diesen stolzen Namen führen. Bürgermeister und Stadtverordnetenversammlung vertraten die Stadt. Die Stadtverordneten wurden »von den stimmfähigen Bürgern in drei durch die Drittelung des Steuerertrages sich ergebenden Klassen auf sechs Jahre gewählt (Bär)«. Dem Bürgermeister, der auf zwölf Jahre gewählt wurde, standen mehrere unbesoldete, auf sechs Jahre gewählte Beigeordnete zur Seite. Ortsobrigkeit war der Bürgermeister, der den Vorsitz in der Stadtverordnetenversammlung führte und »die Gesetze und Verordnungen und die Verfügungen der vorgesetzten Behörden auszuführen und den Geschäftsgang der städtischen Verwaltung zu leiten und zu beaufsichtigen, die Beschlüsse der

Stadtverordneten vorzubereiten und, wenn er sie nicht förmlich beanstandet(e), auszuführen« hatte. Ihm unterstand außerdem die Polizeiverwaltung. Es ist bemerkenswert, daß die »Stadterhebung« Viersens damals keine großen Feiern ausgelöst hat. Am 16. Juli 1856 trat die Stadtverordnetenversammlung zusammen. Sie nahm die Bürgermeisterverfassung an und bestellte vier ehrenamtliche Beigeordnete. Ganz anders ging es 1929 zu, als Viersen kreisfrei wurde. Anfang 1928 schrieb der Viersener Bürgermeister Dr. Gilles in seinem Verwaltungsbericht für 1927, Viersen sähe in dem Plan der preußischen Regierung, die Städte Viersen, Dülken und Süchteln zusammenschließen, eine geeignete Grundlage, einen »leistungsfähigen örtlichen Verwaltungskörper« zu schaffen. Doch verhalte sich Dülken abwartend, und Süchteln sei ablehnend. Da man fürchtete, die Staatsregierung würde wegen der ergebnislosen Verhandlungen mit den Nachbarstädten alles beim alten lassen, beschloß die Viersener Stadtverordnetenversammlung einmütig, ihren schon 1921 gestellten Antrag, aus dem Kreis Gladbach entlassen und selbständig zu werden, zu erneuern. Die Stadtverordneten waren überzeugt, man sei stark genug, auf eigenen Füßen zu stehen, und werde »durch die zwangs-

weise Eingliederung in einen Landkreis nur gehemmt ...«.
Am 13. November 1928 verfaßte man ein ausführliches
Memorandum für den Regierungspräsidenten in Düsseldorf,
in dem man den eigenen Standpunkt begründete. Man
schrieb, der Geschäftsführer des Reichsstädtebundes, Dr.
Haetzel, habe in einer Denkschrift bemerkt, eine Mittelstadt
könne aus dem Kreis ausscheiden, wenn sie, »alle wesent-
lichen, moderner kommunaler Wirtschaft entsprechenden
Aufgaben allein zu erfüllen, fähig« sei. Die Handwerkskam-
mer Düsseldorf halte nichts von der Schaffung von Riesen-
städten, »sondern von gesunden, lebenskräftigen Mittelstäd-
ten, weil diese der Entfaltung deutscher Kultur am günstig-
sten seien«.

Der Vorsitzende des Rheinischen Städtetages, der Duisbur-
ger Oberbürgermeister Dr. Jarres, habe gemeint, eine Stadt
könne sich niemals in der übergeordneten Selbstverwaltung
eines Großkreises wohl fühlen. Die Landkreise, so schrieben
die Viersener, hätten dies selbst eingesehen. Reichsminister
a.D. Dr. Külz habe einer »Verlegung der Verwaltungs-
grundsätze in die unterste Instanz« das Wort geredet. Es
folgen eine ganze Reihe Zeugen für die Erhaltung und
Stärkung der Mittelstädte und Ablehnung von Großkreisen.
Alle diese Stellungnahmen stellten Gesichtspunkte heraus,
die »zwangsläufig zu dem Ergebnis (führten), daß die Stadt
Viersen als Träger einer Gemeinwirtschaft, die in fortschrei-
tender Entwicklung begriffen und in der Lage (sei), aus
eigener Kraft den kulturellen und wirtschaftlichen Belangen
Rechnung zu tragen ...«. Deshalb solle Viersen »als selb-
ständiger Verwaltungskörper in den allgemeinen Staatsorga-
nismus eingegliedert werden ...«, d.h. kreisfrei werden.
Dann greift man in die Geschichte zurück, erinnert daran,
daß die Stadt mit sieben anderen rheinischen Städten schon
in den achtziger Jahren des 19. Jahrhunderts aus den
entsprechenden Landkreisen ausscheiden wollte. Die Geset-
zesinitiative sei 1887 nur ganz knapp gescheitert. Die damals
vorgebrachten Gründe seien nicht erledigt. Eine Vereinigung mit einer benachbarten Großstadt, womit Mönchengladbach gemeint war, sei »nach Lage der Verhältnisse
ausgeschlossen«. Eine Begründung fehlt. Viersen könne aus
dem Landkreis ausscheiden, da es »in finanzieller Hinsicht
vollständig unabhängig vom Kreis« sei. Die Stadt unterhalte
ein Gymnasium, ein Lyzeum und eine Berufsschule, habe
eine Stadthalle mit öffentlichen Konzerten, Theatervorstel-
lungen und wissenschaftlichen Vorträgen, unterstütze
Volksbildungskurse, könne Krankenhäuser, eine Badeanstalt, Turnhalle und Schlachthof bieten, sei voll kanalisiert,
verfüge über ein weitverzweigtes Verkehrsnetz und betreibe
eigene städtische Werke. Die Auskreisung bringe eine Ver-
einfachung und Verbilligung der Verwaltung. Es folgt ein
»Überblick über die Gesamtstruktur des Stadtbezirks Viersen« mit Angaben über Industrie, Verkehr usw. Die Stadt
stelle »aus diesen Erwägungen heraus ... den Antrag, im
Zusammenhang mit der kommunalen Neugliederung den
Stadtbezirk Viersen als selbständigen Stadtkreis zu bestimmen«, heißt es konsequenterweise zum Abschluß. Wenn
man diese Resolution heute liest, so muß man zugeben, daß

die Stadt schon damals über eine gute Infrastruktur verfügte,
die keine der anderen noch zum Kreis Gladbach gehörenden
Städte und Gemeinden hatte (Odenkirchen, Schiefbahn,
Korschenbroich, Kleinenbroich, Neersen, Hardt, Liedberg,
Giesenkirchen), auch keine in dem geplanten neuen Kreis
Kempen. Eine Entgegnung auf das Memorandum erfolgte
nicht. Der Gesetzentwurf über die kommunale Neugliederung im Rheinisch-Westfälischen Industriegebiet sah noch
immer vor, daß die Stadt Viersen in den geplanten neuen
Kreis Kempen einzuordnen sei. Der preußische Staatsrat,
der sich mit der Vorlage zunächst befassen mußte, kam zu
keinem abschließenden Urteil, was mit Viersen geschehen
sollte. Daraufhin lud die Stadt die Presse und die Abgeord-
neten des Bezirks zu einer Besichtigung ein, wobei sie
verstand, ihren Standpunkt überzeugend darzulegen. Die
Staatsregierung zeigte sich jedoch ungerührt und teilte am
23. März 1929 dem zögernden Staatsrat mit: »Die Frage, ob
die Stadt Viersen aus dem Kreise ausscheiden soll, ist bei der
Vorbereitung des Gesetzentwurfes geprüft. Die Prüfung hat
ergeben, daß ein Ausscheiden nicht angebracht ist.« Jedoch
erklärten einige Abgeordnete bei der Beratung des Gesetz-
entwurfs im Ausschuß für Gemeindeangelegenheiten, man
möge den Wunsch Viersens, das zwar noch nicht die
Richtzahl von 40 000 Einwohnern erreicht habe, berücksich-
tigen. »Für manchen Kreis bedeutet eine große Stadt in
seinem Gebiet einen Herd dauernder Unruhe ...«, hieß es
da. Bei einer anschließenden Besichtigungsreise konnte die
Stadtverwaltung ihren Standpunkt noch einmal ausführlich
darlegen. In den folgenden Beratungen des Ausschusses
wurde schließlich beantragt, den Gesetzentwurf um den
§ 16a zu erweitern, der lauten sollte: »Die Stadtgemeinde
Viersen des Landkreises Gladbach bildet einen Stadtkreis.«
Bei der 2. Lesung im preußischen Landtag am 2. Juli 1929
war die Mehrzahl für den neuen § 16a. Auch die Kommuni-
sten stimmten zu, mutmaßten aber, Viersen werde kreisfrei,
weil hier das Zentrum regiere. In der Tat hatte sich vor allem
der Zentrumsabgeordnete Schüling für die Kreisfreiheit
Viersens eingesetzt, er nahm aber für sich in Anspruch, nur
von Sachargumenten geleitet gewesen zu sein. Bei den
Debatten war es hoch hergegangen. Niemand wußte genau,
wie die Abstimmung ausgehen würde. Abgeordnete sollen
sich gar überlegt haben, ob sie während der Sitzung austre-
ten gehen konnten, »weil sie«, wie es das Niederrheinische
Tageblatt formulierte, »Gefahr laufen, von den ›Bittstellern‹
auseinandergerissen zu werden«. Viersen verhielt sich
geschickt und trat nicht als unterwürfiger »Bittsteller« auf,
sondern zeigte Zuversicht. Natürlich herrschte über die von
Bürgermeister Dr. Gilles in Berlin für die Stadt gewonnene
Schlacht helle Begeisterung. Gilles wurde, als er am 11. Juli
1929 aus Berlin zurückkehrte, am Bahnhof von den städtischen Beigeordneten und Fraktionsvorsitzenden wie ein
Held gefeiert. Beigeordneter Wilden beglückwünschte ihn
im Namen der Stadt »zu seinem Erfolg«, der freilich nicht
ihm allein zu verdanken war. Es wäre einmal lohnend, die
Hintergründe für die Sonderstellung Viersens aufzuhellen.
Was brachte die Kreisfreiheit für die Stadt, die übrigens

keinerlei Eingemeindungen für sich buchen konnte? Es war mehr als eine bloße Äußerlichkeit, daß der Bürgermeister jetzt Oberbürgermeister hieß, denn Viersens Oberbürgermeister konnte nun gleichberechtigt den Verwaltungschefs der benachbarten Großstädte wie Krefeld oder Mönchengladbach gegenübertreten. Die Stadt erhielt ab jetzt die ganze Grunderwerbssteuer, mehr Befugnisse im Polizei- und Ordnungswesen sowie im Bau- und Wohlfahrtswesen. Man versprach sich dadurch mit Recht eine Beschleunigung des Geschäftsbetriebs. Von einer Verbilligung der Verwaltung war nach 1929 nie mehr die Rede. Wegen der großen finanziellen Belastung durch die hohe Zahl der Erwerbslosen und die anhaltende Wirtschaftskrise mußte der Etat von 1932 sogar mit einem ungedeckten Fehlbetrag von 1,78 Millionen abschließen. Wer sollte da noch an Einsparungen denken, wo man sowieso das Nötigste nicht mehr bezahlen konnte?!

Bürgermeister Dr. Peter Kirsch (1861–1873). In seiner Amtsperiode wurde die Titularstadt Viersen nach und nach zu einer richtigen kleinen Stadt

Peter Stern leitete die Geschicke der Stadt von 1865 bis 1919. Im Jahre 1913 erhielt er den Ehrentitel eines Oberbürgermeisters

Dr. Peter Gilles wurde 1929 Oberbürgermeister. 1919 war er zum Bürgermeister gewählt worden, 1933 vertrieben ihn die Nationalsozialisten

Postkarte um die Jahrhundertwende mit Reklame für die Kaisermühle. Die Stadtsilhouette (mit Remigiuskirche, evangelischer Kirche und Josefskirche) ist vom Zeichner vereinfacht worden

Viersen ebenfalls um die Jahrhundertwende (1901). Die Stadtansicht ist wesentlich genauer als die vorhergehende. Typisch die Schornsteine der Fabriken

Gruss aus Viersen. Totalansicht.

Der Wotershof, wie er um die Jahrhundertwende hieß, lag auf der Kaiserstraße

Der malerische Alte Markt (Remigiusplatz) in einer Aufnahme, die aus der Zeit vor dem Zweiten Weltkrieg stammt. Sie wurde vom Aufgang zur Remigiuskirche aus gemacht

Blick auf die Innenstadt von Norden. Im Vordergrund die Remigiuskirche, im Hintergrund die evangelische Kirche und die Josefskirche. Zeichnung von E. Frank 1902

Die Bevölkerungsentwicklung

Im Jahr 1856 hatte Viersen etwa 14 000 Einwohner. Seit der Franzosenzeit – 1798 wohnten in dem Ort etwa 4400 Personen – war die Bevölkerungszahl fast um das Dreifache gestiegen und stieg stetig weiter. 1871, um ein Jahr herauszugreifen, für das wir detaillierte Angaben durch den städtischen Verwaltungsbericht haben, zählte die Stadt schon 18 536 Bewohner, wovon 10 390 je zur Hälfte in den städtischeren Ortsteilen Dorf und Rintgen wohnten und die restlichen in den mehr ländlichen Sektionen Rahser (1604 Einwohner), Beberich (1030 Einwohner), Hamm (1329 Einwohner), Hoser (1030 Einwohner), Heimer (952 Einwohner), Ummer (847 Einwohner) und Bockert (784 Einwohner). Die Stadt war zu etwa 90 Prozent katholisch. Fast genau zwei Drittel der Bevölkerung verdienten ihren Unterhalt als Weber und Tagelöhner. Diese Unterschicht lebte wiederum zu zwei Dritteln in den ländlichen Teilen der Stadt (besonders in Rahser und Hamm). Die Viersener Firmeninhaber hingegen wohnten vielfach in der Innenstadt, besonders auf der Hauptstraße und der Lindenstraße. Man heiratete gerne jung, worüber der Nationalökonom Thun und der Viersener Arzt Dr. Aloys Schmitz in den siebziger Jahren berichten, dennoch betrug der Anteil der über 30jährigen Ehepartner etwa ein Drittel. Ehescheidungen waren sehr selten. Als 1871 eine Ehe geschieden wurde, bemerkte der Verwaltungsbericht, daß dies in Viersen »glücklicherweise seit vielen Jahren nicht mehr vorgekommen« sei. Eine spürbare Wohnungsnot herrschte in Viersen nicht, da »durchschnittlich nicht über zwei selbständige Familien und nicht mehr als durchschnittlich acht Personen auf jedes Haus kommen«, wie es damals 1871 offiziell heißt. Doch könne »bei der ununterbrochenen Zunahme der arbeitenden Bevölkerung . . . nicht ausbleiben, daß sich bald ein empfindlicher Mangel an Arbeiterwohnungen einstellen« werde. Was man damals nicht ahnte, setzte dann in den achtziger Jahren ein: bescheidene Zunahme, Stagnation und sogar ein Rückgang der Bevölkerung, was mit der Mechanisierung der Textilindustrie und dem Untergang der Seidenhandweberei zusammenhing. Die stärkere Bevölkerungszunahme bis in die Zeit um 1880 hatte überwiegend auf einem hohen Geburtenüberschuß beruht, nicht auf Zuzug von auswärts. Die Bevölkerungsstagnation hingegen wurde durch Wegzug verursacht, denn die Handweber suchten neue Beschäftigung als Industriearbeiter in den benachbarten Industrieorten Krefeld, Gladbach und Rheydt; um 1890 auch im westlichen Ruhrgebiet (Duisburg), wo noch bessere

Die Remigiuskirche, der alte Mittelpunkt Viersens seit dem Mittelalter. Luftaufnahme vor dem Zweiten Weltkrieg.

Links oben am Bildrand ist deutlich ein Teil der Fabriken von Kaiser's Kaffeegeschäft zu sehen

Arbeitsmöglichkeiten geboten wurden. Von 1871 bis 1890 hatte die Bevölkerung nur noch um 3600 Personen zugenommen. Viersen zählte jetzt 22140 Einwohner, wovon 13422 im engeren Stadtbezirk wohnten. 21205 Einwohner waren katholisch, 1824 evangelisch und 156 jüdisch. Von 1890 bis 1895 ist ein Bevölkerungsrückgang von 88 Personen zu vermelden. Bemerkenswert dabei ist, daß danach die evangelische Bevölkerung stärker abnimmt, warum ist nicht festzustellen. Es mag reiner Zufall sein. Seit der Jahrhundertwende zeigt die Bevölkerungskurve wieder nach oben. 1900 zählt die Stadt fast 25000 Einwohner und 1929, als Viersen aus dem Kreis Gladbach ausgegliedert wird, knapp über 33000 Personen, worauf bereits hingewiesen wurde. Die Zunahme ist wieder überwiegend durch den Geburtenüberschuß, aber auch durch Zuwanderung verursacht worden. Unter den Zuwanderern waren verhältnismäßig viele Niederländer, so daß der Anteil der Viersener Bevölkerung mit niederländischer Staatsangehörigkeit im ersten Drittel des 20. Jahrhunderts zwei bis drei Prozent betrug. Die übrigen Neu-Viersener stammten überwiegend aus der Rheinprovinz. Die soziale Schichtung hatte sich von der Mitte des 19. Jahrhunderts bis in das erste Drittel unseres Jahrhunderts etwas verschoben. Aus den Webern waren inzwischen Industriearbeiter in der Textil-, Metallverarbeitungs- und Nahrungsmittelindustrie geworden, zur Unterschicht gehörten nun noch etwa 55 Prozent der Viersener.

Die bauliche Entwicklung, Wohnungswesen

Als Viersen 1856 Stadt wurde, trugen nur die Ortsteile Dorf und Rintgen einen städtischen Charakter. Es waren die beiden Siedlungskerne der heutigen Innenstadt. Der in den siebziger Jahren des vorigen Jahrhunderts verbreitete Spruch: »Viersen ist zu lang, um einig zu sein«, spielt auf das räumliche Zusammenwachsen der beiden Kerne, ohne gleichzeitig ein gesamtstädtisches Bewußtsein hervorgerufen zu haben, an. Auf dem Urkataster von 1812 sieht man deutlich, daß der Siedlungsmittelpunkt Dorf mit Remigiuskirche und Rathaus an der Weggabelung der Straße von Gladbach über Rintgen nach Süchteln im Norden und Dülken im Osten entstanden war. Rintgen hatte sich an der Gabelung der von Gladbach kommenden und der nach Krefeld führenden Straßen gebildet. Hier lag an der Hauptader Rintgen–Dorf, der späteren Hauptstraße, die evangelisch-reformierte Kirche, die aber keinen eigenen Siedlungsschwerpunkt bildete. Die beiden Ortsteile waren noch nicht ganz zusammengewachsen. Es klaffte eine Lücke zwischen der späteren Wilhelm- und Schulstraße. Nach der Fertigstellung der Ruhrort-Kreis-Gladbacher-Eisenbahn 1849 mit dem Bahnhof an der Ecke Freiheitsstraße/Große Bruchstraße bildete sich hier ein neuer Fixpunkt östlich der

Die untere Hauptstraße, als es den heutigen Autoverkehr noch nicht gab und ein Radfahrer mitten auf der Fahrbahn vor dem Fotografen posieren konnte

Hauptstraße. Die Bebauung war zunächst recht willkürlich, wie wir aus einem 1852 abgefaßten Bericht des Düsseldorfer Regierungs- und Baurats C. A. Krüger erfahren, den W. Mellen in seinem von mir benutzten Aufsatz über den Viersener Stadtplan von 1860 auszugsweise veröffentlicht hat. Krüger hatte sich selbst davon überzeugt, »daß die in zahlreicher Menge im Ort und dessen nächster Umgebung entstehenden neuen Wohngebäude planlos und ohne Vorbedacht auf die immer mehr zunehmende Bevölkerung und Vergrößerung der Stadt aufgeführt werden«. Die Gemeindeverwaltung konnte nicht umhin, dem Chaos ein Ende zu machen und ließ einen Stadtbauplan aufstellen, der nach einigem Hin und Her am 12. September 1860 genehmigt wurde. Der Plan war auf eine Bevölkerung von 18 000 Einwohnern berechnet und legte westlich und östlich der Hauptstraße weitgehend einen quadratischen Raster zugrunde, der heute noch deutlich erkennbar ist. Die Unterschicht wohnte, wie bereits erwähnt, zu zwei Dritteln in den Außenbezirken, zumeist in den typischen Weberhäusern (Dreifensterhaus) mit Werkstatt, Hof mit Ställen für Kleinvieh und oft mit häßlichen Anbauten. Ganz anders sahen die großzügigen zwei- und dreigeschossigen nach 1860 entstehenden Patrizierhäuser aus, die in spätklassizisti-

schem Stil »meist die örtlichen Maurer- oder Zimmerermeister Schnitzler, Hansen, Frenken oder Cuylen« in der Innenstadt planten und bauten. Die Errichtung neuer Gebäude hing natürlich von der unterschiedlichen wirtschaftlichen Konjunktur ab. Aber auch in guten Jahren gab es im Viersen des 19. Jahrhunderts keinen Bauboom. Jährlich kamen einige neue Wohnhäuser hinzu – 1902 sogar 72 –, außerdem eine beträchtliche Menge von Schuppen, Stallungen und Hinterhäusern, die nicht gerade eine Zierde für die Stadt waren. Es wurde in der Regel solide gebaut. Über »Nachlässigkeit bei Bauausführungen« war selten zu klagen. »Es wird dies auch noch so lange der Fall sein«, meinte der Verwaltungsbericht für 1871, »als die tüchtigen, theoretisch ausgebildeten und praktisch bewährten Bauhandwerker nicht von Pfuschern verdrängt werden.« Obgleich im Viersen des 19. Jahrhunderts keine Wohnungsnot herrschte, waren doch viele der Weberhäuschen feucht und unhygienisch, so daß schon 1869 der Bürgermeister Dr. Kirsch die Gründung eines Wohnbauvereins anregte, da die zunehmende Zahl der Fabrikarbeiter bessere Wohnungen erhalten solle. Die Stadt appellierte außerdem an die Vermieter, »die Wohnungen in einen den Anforderungen der Gesundheit entsprechenden Zustand zu setzen«. Doch nach der starken Abwanderung der Weber ab der achtziger Jahre des vorigen Jahrhunderts standen 1890 sogar 81 Häuser leer. Häuser waren kaum zu verkaufen. Arbeiter konnten trotz günstiger Preise nicht wagen, sich hoch zu verschulden. Um die

Markttag im Rintgen mit Bauern aus der Stadt und der Umgebung vor dem Ersten Weltkrieg (Ecke Große Bruchstraße/Hauptstraße)

Kolonialwarenladen um die Jahrhundertwende. Landwehrs auf der Hauptstraße?

Jahrhundertwende stieg dann die Bautätigkeit wieder steil an. 1899 wurde für 79 Wohnhäuser eine Bauerlaubnis erteilt. Arbeiterwohnungen waren so gut wie nicht darunter.

Es gab freilich seit 1898 die Viersener Aktienbaugesellschaft, deren Zweck es war, »minderbemittelten Familien gesunde und zweckmäßig eingerichtete Wohnungen zu verschaffen«. 1899 besaß die Gesellschaft, hinter der Viersener Industrielle standen, im Rahser, im Hoser und am Hoserkirchweg 28 Häuser, die vermietet wurden. Sie sollten später an Arbeiterfamilien verkauft werden. 1903 vermeldete die 1900 gegründete Spar- und Baugenossenschaft, daß sie zwischen Süchtelner, Rahser- und Florastraße neun Wohnhäuser errichtet habe, ferner an der Sittarder Straße zwei Wohnhäuser. Sie besaß damals 18 Miethäuser insgesamt. Die Gesellschaft und die Genossenschaft bauten stetig weiter. Dennoch mußte die Stadt 1917 einräumen, daß inzwischen »durch Zuzug und Gründung neuer Familien... eine Wohnungsknappheit aller

Viersener Markttreiben vor dem Ersten Weltkrieg. Ein Besuch auf dem Markt brachte für die Kinder immer eine besondere Abwechslung

Arten von Wohnungen, besonders aber der von vier oder mehr Wohnräumen, eingetreten ist, deren Behebung unter Mitwirkung der beiden gemeinnützigen Baugesellschaften die Stadt bereits erwogen (habe)«. Das Gespenst der Wohnungsnot war da und verließ die Stadt auf Jahrzehnte nicht mehr; da half auch keine Wohnungszwangsbewirtschaftung, die 1920 eingeführt, ab 1921 den Mangel verwaltete. Die Zahl der Wohnungssuchenden betrug 1920 nur 158, im April 1923 stieg sie auf 1135, ein Jahr darauf auf 1263, 1925 gar auf 1282. Doch war der Höhepunkt noch nicht erreicht. 1926 suchten 1356 Personen eine Wohnung, darunter 954 Arbeiter. Dann fiel die Zahl leicht. 1927 waren es noch 1211 Fälle, 1931, dem letzten Jahr der Zwangsbewirtschaftung, die am 1. April 1933 außer Kraft trat, schließlich 766. Hinter diesen nüchternen Zahlen verbarg sich eine bittere Not, die besonders die Arbeiter und kleinen Angestellten traf.

Viersener Gemüsehaus um die Jahrhundertwende. Wenn der Fotograf kam, wollte natürlich das Personal mit auf das Bild

Die Dülkener Straße in den dreißiger Jahren. Im Hintergrund sieht man die Straßenbahn der Linie Mönchengladbach–Viersen–Dülken. Links erkennt man am Ufa-Schild ein Kinogebäude

Wohnhaus auf der Lindenstraße mit Hutgeschäft. Das Foto stammt, wie man an der Kleidung und Haartracht erkennt, aus der Zeit vor dem Zweiten Weltkrieg

Viersen besaß schon vor dem Ersten Weltkrieg eine Reihe schöner, großzügiger Wohnstraßen. Hier die Poststraße vor dem Ersten Weltkrieg (1907)

Auch die Lindenstraße gehörte zu den bemerkenswerten Wohnstraßen aus der Zeit vor dem Ersten Weltkrieg. Die spätklassizistischen Fassaden aus jenen Jahren waren einmal charakteristisch für die Stadt. Nur wenige sind bis heute geblieben

*Die Hauptstraße, links die Einmündung der Bahnhofstraße.
Rechts sehen wir das ehemalige Rathaus, später Stadthaus 2.
Ursprünglich war es das Wohnhaus einer Viersener Fabri-
kantenfamilie gewesen, die wie viele der führenden Familien
auf der Hauptstraße gewohnt hatte*

*Ein reichgestaltetes Wohn- und Geschäftshaus. Es fällt auf,
wie geschickt sich die Geschäftsräume in den Gesamtplan des
Hauses einfügen. Das Haus lag auf der Hauptstraße und
wurde während des Zweiten Weltkriegs, wie viele andere
Häuser auf der Hauptstraße, zerstört*

Auch die Remigiusstraße galt vor dem Ersten Weltkrieg als eine bevorzugte Wohnstraße. An ihr lag dieses herrschaftliche Gebäude in dem in Viersen bis zu den Zerstörungen des Zweiten Weltkriegs so häufig anzutreffenden spätklassizistischen Stil

Die Greefsche Villa mit Weiher und einem herrlichen Garten an der Gladbacher Straße gab, für jedermann sichtbar, Zeugnis von dem wirtschaftlichen Erfolg der Unternehmerfamilie. Das Gebäude, das den Zweiten Weltkrieg überstanden hatte, ist später abgerissen worden. Auf dem Gelände befindet sich jetzt ein Altenheim

Der auch heute noch erhaltene Park im englischen Stil gegenüber dem Rathaus auf der Bahnhofstraße. Diese Straße *ist eine der wenigen innerhalb des Stadtkerns, wo noch teilweise die alten Fassaden anzutreffen sind*

Verwaltung, politisches Leben

Als Viersen 1856 Stadt wurde, war die Verwaltung winzig, 1865, das Jahr, in dem ein genauer Überblick möglich war, bestand sie aus dem Bürgermeister Dr. Kirsch, zwei Verwaltungssekretären (F. Feldmann und J. Sturm), einem Hilfsschreiber (J. Feldmann) und einem Bürodiener. Außerdem gab es noch einen Polizeikommissar, einen Polizeisekretär, einen »Fuß-Gendarmen« und drei Polizeidiener. Die Stadtkasse leitete ein Rendant (Sticker). Er hatte einen »Exekutor« als Hilfskraft. Insgesamt wurde also die Verwaltung mit Polizei von 13 Personen bewältigt. Die vier unbesoldeten Beigeordneten, die aus 24 Stadtverordneten gewählt worden waren, unterstützten zwar den Bürgermeister, waren aber keine eigentlichen Verwaltungsangehörigen. Das Stadtverordnetenkollegium, das auf Grund des ungleichen Dreiklassenwahlrechts zustande gekommen war, ist weitgehend ein Spiegelbild des Viersener Besitzbürgertums. Damals waren die Kommerzienräte Diergardt und Preyer, die Fabrikanten und Kaufleute Berger, Better, Furmanns, Kreuels, Lingenbrink, Lüps, Mengen, Sartigen, Schaub und Schleicher,

außerdem einige Landwirte und Wirte, ein Rentner, d.h. jemand, der von seinen Renten und seinem Besitz lebt, ein Juwelier und ein Weber im Stadtparlament vertreten. Ihre Tätigkeit wurde von der Mehrheit der Bevölkerung kaum wahrgenommen. Doch glaubte Bürgermeister Dr. Kirsch 1869, daß sich dies langsam ändere. Das sei auch unumgänglich nötig, »wenn die Selbstverwaltung der Gemeinden, worauf Presse und Volksvertretungen ein so bedeutendes Gewicht legen, wirklich Platz greifen« sollte. Die Wahlbeteiligung war damals nicht gerade hoch. Noch 1871 erschienen von 1256 Wählern der dritten Abteilung ganze 373. Von den 245 Wählern der zweiten Abteilung beteiligten sich immerhin 186 und in der ersten Abteilung hatten von 75 Wahlberechtigten sogar 60 abgestimmt. Das geringe Interesse in der dritten Abteilung an den Wahlen ist dadurch erklärlich, daß sie trotz ihrer Stimmenmehrheit nur neun der 24 Stadtverordneten stellte. Die erste Abteilung wählte ebenfalls neun und die zweite bestellte sechs Stadtverordnete. Bei den Reichstagswahlen, die nach dem allgemeinen und gleichen Wahlrecht abgehalten wurden, stimmte Viersen bis zum Untergang des Wilhelminischen Deutschlands ab der Nachwahl 1871 stets mit großer Mehrheit für den

Das Allgemeine Krankenhaus am Hoserkirchweg. Das Gebäude wurde im Jahre 1902 seiner Bestimmung überge- *ben. Es war von dem Gladbacher Architekten Hermanns entworfen worden und galt damals als besonders geglückt*

Zentrumskandidaten. Im Stadtrat hingegen hatten die Liberalen das Sagen. Nach einer von der Zentrumspartei 1911 veröffentlichten Übersicht hatten die Liberalen zwölf, das Zentrum acht und Unabhängige vier Sitze inne. Die Liberalen waren also die stärkste Fraktion. Sie hätten nur mit Stimmen des Zentrums, der Unabhängigen und der des Bürgermeisters theoretisch überstimmt werden können. Bemerkenswert für das ganz von den Liberalen geprägte Klima in der Stadtverordnetenversammlung ist eine Äußerung des Bürgermeisters Stern beim Tod des dem Zentrum angehörenden Stadtverordneten W.H. Hamm 1913: »Seine Wirksamkeit«, so schreibt Stern im Verwaltungsbericht, »wird in der Bürgerschaft verschieden beurteilt; schon bei seiner erstmaligen Wahl machten sich große Meinungsverschiedenheiten bemerkbar, sie erfolgte in Stichwahl. Die Zentrumspartei, die bisher als solche in den Gemeinde-Wahlkampf nicht eingegriffen hatte, hatte Hamm aufgestellt, die dritte Abteilung wählte ihn. Sein Auftreten in der Stadtverordnetenversammlung, besonders in der ersten Zeit, hielt sich nicht immer in den Grenzen, in denen im allgemeinen die Verhandlungen geführt zu werden pflegen...« Es sei »zu Zusammenstößen und Auftritten«

gekommen, später habe sich »ein leidlicher Zustand« ergeben. Es ist ferner die Rede von »Draufgängertum«, und hin und wieder sei er über das Ziel hinausgeschossen. Immerhin sei »sein Ausscheiden aus der Stadtverordnetenversammlung... ein Verlust, mit ihm (sei) jedenfalls in dem Konzert der Vertreter der Bürgerschaft eine bemerkenswerte Note ausgefallen, die manches Ohr allerdings häufig nicht in den Schwingungen des Wohlklangs, sondern des Mißtones getroffen (habe)«. Ein eigentümlicher Nachruf für den jahrelangen Vertrauensmann der Zentrumspartei.

Je stärker die Stadtverwaltung mit der Durchführung von Gesetzen betraut wurde, je stärker wuchs die Verwaltung. Doch hielt sich dies in Viersen in einem bescheidenen Rahmen. Im Jahre 1900, also 35 Jahre nach dem ersten Überblick über die Verwaltungsgröße 1865, gab es den Bürgermeister Stern, den Stadtrentmeister Limbourg, den Stadtkassenbuchhalter Tomberg, einen Stadtsekretär, einen Standesamtssekretär, einen Steuersekretär, einen Polizeikommissar und neun Polizisten, einen Stadtboten und drei Nachtschutzmänner. Das Verwaltungspersonal umfaßte nun 20 Personen, also sieben mehr als 1865, wobei die Zunahme der Polizeibeamten auffällt. Das ist weiter nicht verwunder-

Bei aller Zurückhaltung der katholischen Viersener Bismarck gegenüber – der Kulturkampf hatte auch in Viersen Wunden geschlagen – erhielt er doch im Jahre 1901 sein Denkmal. Hier die Einweihung des Bismarckturms am 23. Juni 1901

lich, wenn man im Verwaltungsbericht von 1900 liest: »Die Thätigkeit der Polizeibeamten wird durch die Vermehrung des Verkehrs, besonders aber durch die in Folge Steigerung der Lohn- und Verdienstverhältnisse der arbeitenden Klasse beförderte Neigung zur Ungebundenheit ganz wesentlich mehr, wie früher in Anspruch genommen; grobe Ausschreitungen in größerem Umfange sind zuvor nicht vorgekommen oder schon gleich bei der Entstehung unterdrückt worden... Trotzdem auswärtige, nach ihrem ganzen Verhalten als berufsmäßige Hetzer anzusprechende Personen während des Ausstandes vieler Arbeiter im Frühjahr 1899 die Arbeiterbewegung im Fluß zu halten suchten, gab dieselbe doch zu einem polizeilichen Einschreiten keinen Anlaß, weil im allgemeinen die hiesige Bevölkerung keine Neigung zeigt, den Anordnungen der Polizeibehörde hemmend oder hindernd entgegenzutreten...« Mit den »berufsmäßigen Hetzern« waren die Sozialdemokraten gemeint, die in Viersen jedoch kaum Fuß fassen konnten. Bürgermeister Dr. Kirsch hatte bereits 1871 dazu gemeint, die sozialdemokratische Agitation habe auf die Arbeiter zwar zunächst Eindruck gemacht. Bald hätten »sich aber die durch tönende Phrasen aufgewirbelten Staubwolken« wieder verzogen, weil durch die Gründung eines christlich-sozialen Vereins

den Sozialdemokraten der Boden entzogen worden wäre. In Viersen halte man sich eher an den christlichen Spruch »Ora et labora« und bediene sich lieber der bewährten Mittel, »die da sind Fleiß, Sparsamkeit, Genügsamkeit und Sittlichkeit... als sich durch gleißende trügerische Redensarten in die Irre führen« zu lassen. Wie stark die Zentrumspartei wirklich war, zeigte sich nach dem Untergang des Wilhelminischen Reiches und der Abschaffung des Dreiklassenwahlrechts mit der Begünstigung des Besitzbürgertums bei den ersten demokratischen Gemeindewahlen am 14. Dezember 1919. Das Zentrum erhielt 60,2 Prozent der abgegebenen Stimmen und 26 Sitze, es folgte als zweitstärkste Partei die USPD mit 14 Prozent und 6 Sitzen und die SPD mit 9,7 Prozent und 4 Sitzen. Schon bei der Wahl zur verfassunggebenden Nationalversammlung am 19. Januar 1919 hatte die Zentrumspartei mit 66,9 Prozent der abgegebenen Stimmen (SPD 16,9 Prozent; USPD 6 Prozent; DVP 5,49 Prozent; DDP 4 Prozent) in Viersen einen überwältigenden Sieg errungen. Bei allen weiteren Wahlen behauptete das Zentrum mit über 60 Prozent der Stimmen seine Führungsrolle. Doch 1928 wurde dies anders. Bei den damaligen Reichstagswahlen erhielt das Zentrum nur noch 48,7 Prozent, da ein Teil der Wähler zur Wirtschaftspartei, die 8,7 Prozent

Viersen. Bismarck-Denkmal

Ein Blick auf den heute noch stehenden Bismarckturm, der nach einem Entwurf des damaligen Dresdner Architekten W. Kreis errichtet worden war

In einer patriotischen Feierstunde – man beachte die militärische Abordnung – wurde der Bismarckturm seiner Bestimmung übergeben

Viersen beherbergte und beherbergt bis auf den heutigen Tag ein Brunnenbauunternehmen, die Firma Stappen. Hier die Belegschaft mit Familienangehörigen

erreichte, abgewandert war. Seit 1921, Wahlen zum preußischen Landtag, war übrigens die KPD an die zweite Stelle in der Wählergunst gerückt. Noch stärker war der Einbruch bei den Kommunalwahlen 1929, als das Zentrum nur 43,6 Prozent der abgegebenen Stimmen und die Wirtschaftspartei 19,8 Prozent erreichte (KPD 21,8 Prozent, Arbeitsgemeinschaft DNVP und DVP 5,7 Prozent, SPD 4,19 Prozent). Daß die meisten Wähler der Wirtschaftspartei, die überwiegend von Handwerkern und Haus- und Grundbesitzern gewählt wurde und mit den bürgerlichen Parteien zusammenarbeitete, dem Zentrum nahestanden, wurde sichtbar, als auf den Zentrumskandidaten Marx bei der Reichspräsidentenwahl 1925 im ersten Wahlgang 63,5 Prozent und im zweiten Wahlgang 68,7 Prozent der Stimmen (Hindenburg 17,4 Prozent) abgegeben wurden. 1930 sackten die Zentrumsstimmen weiter ab (Zentrum 41,01 Prozent; KPD 20,9 Prozent; Wirtschaftspartei 14,07 Prozent; SPD 5,9 Prozent; NSDAP 5,6 Prozent; DVP 3,07 Prozent). Die NSDAP nahm nun laufend an Stimmen zu (Reichstag Juli 1932: Zentrum 46 Prozent; NSDAP 22,3 Prozent; KPD 18,3

Prozent; SPD 5,1 Prozent; DNVP 3,38 Prozent; Wirtschaftspartei 0,75 Prozent; Reichstag November 1932: Zentrum 45,2 Prozent; KPD 22,1 Prozent; NSDAP 17,4 Prozent; SPD 6,2 Prozent; DNVP 3,9 Prozent). Bei den Märzwahlen zum Reichstag 1933 kamen auf das Zentrum noch 40,1 Prozent, auf die NSDAP 31,4 Prozent, auf die KPD 16,1 Prozent und die SPD 4,8 Prozent. Bei den Kommunalwahlen 1933 wurde die NSDAP schließlich mit 37,8 Prozent stärkste Partei. Das Zentrum stand mit 34,9 Prozent an zweiter Stelle (KPD 16,1 Prozent, Wirtschaftspartei 5,2 Prozent, SPD 3,8 Prozent). Die braune Flut hatte Viersen überschwemmt. Von kommunaler Selbstverwaltung konnte keine Rede mehr sein. Aber schon vor der NSDAP-Herrschaft hatte Oberbürgermeister Gilles Anfang 1933 geklagt: »Selbstverwaltung und Selbstverantwortung des örtlichen Gemeinschaftskörpers sind ... tote Begriffe geblieben. Durch die allgemeine Finanznot jeder Bewegungsfreiheit beraubt, konnte sich die ganze Verwaltungstechnik nur darauf beschränken, die zwangsläufigen Aufgaben durchzuführen und die zu deren Finanzierung erforderlichen Mittel zu beschaffen. Infolgedessen war der Stadtverordnetenversammlung wenig Gelegenheit geboten, durch ihre Beschlüsse die örtliche Gemeindepolitik in maßgeblicher Weise zu beeinflussen ... « Die Zeit, als die Stadtverordneten sich bemühten, durch kommunale Einrichtungen dem Bürger das Leben angenehmer und sicherer zu machen, war

vorbei. 1859 hatte diese Entwicklung begonnen. Viersen bekam Gas, das die Thüringer Gasgesellschaft lieferte und zur ersten spärlichen Beleuchtung der Stadt führte. Übrigens wurde die Gasgesellschaft erst 1905 in die Verwaltung der Stadt übernommen. Ab demselben Jahr wurde Viersen auch mit Elektrizität versorgt. Eine eigene Wasserversorgung hatte die Stadt schon ab 1890. Es waren mehrere Jahre verstrichen, ehe man sich dazu durchringen konnte. Zunächst hatte eine Firma aus den Niederlanden bei der Stadt angefragt, ob sie in Viersen die Wasserversorgung übernehmen dürfe. Für das Recht der Alleinversorgung wollte das Unternehmen alle Kosten für den Bau übernehmen. Da aber »die Gesellschaft kein schlechtes Geschäft machen würde«, rangen sich die Stadtverordneten durch, die Sache selbst in die Hand zu nehmen. Am 26. Februar 1890 wurde der Grundstein zum Wasserturm gelegt. Auf der beigefügten Urkunde war zu lesen: »Möge sich an das Wasserwerk derjenige Segen knüpfen, der nach der wohlbegründeten Hoffnung der Stadtverordnetenversammlung mit ihm sicher verbunden ist sowohl durch Verbesserung der gesundheitlichen Verhältnisse der Bevölkerung unter gleichzeitiger Darbietung von mancherlei Annehmlichkeiten, als auch später durch Erzielung reicher Überschüsse, die zur Erleichterung der Gemeindelasten neue Mittel der Stadt im Laufe der Jahre zuführen! Möge das Werk auch noch in späteren Zeiten den nachkommenden Geschlechtern zeigen, daß die zur Verwaltung der Stadt berufenen Männer den Blick nicht ängstlich auf die Gegenwart, sondern mutig in die Zukunft gerichtet, alle Bestrebungen beharrlich verfolgen, welche auf die Hebung und Förderung der Gesamtheit hinauszielen.« Der mutige Blick in die Zukunft könnte auch heute noch Richtschnur für eine Stadt sein. Die damaligen Stadtväter hatten jedenfalls recht mit ihrem Optimismus. 1910 waren zwei Drittel aller Häuser an die Wasserleitung angeschlossen. Nur Ummer, Heimer und Helenabrunn konnten nicht versorgt werden. Die Überschüsse beliefen sich bis 1906 schon auf 46 000 Mark. Dieser Erfolg ließ die Stadtverordneten nicht ruhen. Am 8. Juli 1895 beschlossen sie, einen städtischen Schlachthof zu errichten, der am 10. Februar 1897 seinen Betrieb eröffnen konnte. Er trug sich von Anfang an selbst. Glückliche Zeiten. Der letzte größere Kommunalbetrieb war das Schwimmbad, das 1906 eröffnet wurde. Den Bauplatz hatte Josef Kaiser, auf den wir noch eingehen werden, der Stadt geschenkt. Bis in die siebziger Jahre des vergangenen Jahrhunderts hatte man noch in der Niers und im Dorfer Bach gebadet.

An dieser Stelle ist auch noch das Allgemeine Krankenhaus zu erwähnen, das zwar nicht von der Stadt errichtet wurde, bei dessen Bau und späterer Verwaltung die Stadt aber mitwirkte. Als 1836 der damalige Kronprinz und spätere König Friedrich Wilhelm IV. Viersen besuchte, kamen Bürger beider Konfessionen zusammen, »um ein Kranken-

haus zu gründen, welches unabhängig von jedem Gemeinde-Institute von einer besonderen Vertretung verwaltet werden sollte und in welchem Kranke ohne Unterschied des Bekenntnisses Aufnahme und Pflege fänden«. Dem Verwaltungsrat gehörte der Bürgermeister als Vorsitzender an. 1838/39 war das Krankenhaus fertig; 1902 entstand ein Neubau (Architekt Hermanns, Mönchengladbach) am Hoserkirchweg. Das alte Gebäude übernahmen die Neußer Augustinerinnen, deren Maria-Hilf-Krankenhaus und deren Kapelle an der Lindenstraße nebenan lagen. Bei der Beschreibung des neuen Hauses schwang sich der Verwaltungsbericht fast zu poetischen Tönen auf, wenn er feststellte: »Für die äußere Erscheinung des Krankenhauses war die Erwägung bestimmend, daß das neue Haus ein stattliches, aber dennoch freundliches und anheimelndes Bauwerk werden soll, dessen äußere Auszierung schon darauf hinweist, daß es berufen ist, nicht nur Schmerzen zu lindern, sondern auch Erholung zu bieten. Wie glücklich das mit den einfachsten Mitteln erreicht wurde, zeigt die ... Ansicht des Hauses, das in hellgefugtem Ziegelrohbau und Sandsteinarchitekturteilen, sparsamer Sgraffitimalerei über den Fenstern – das Rote Kreuz umgeben von einfachen, aber wirkungsvollen Zierlinien –, dem braunroten Ziegeldache und den offenen, eisernen, grünumrandeten Veranden ein fesselndes Bild bietet und eines der schönsten und anmutigsten Bauwerke in der Stadt Viersen ist.«

Blick auf die Viersener Gasanstalt. Seit 1859 gab es in der Stadt Gasanschlüsse, die auch für das spärliche Licht sorgten

Das Viersener Schwimmbad wurde im Jahre 1906 fertigge-stellt. Das Grundstück hatte der Unternehmer J. Kaiser der Stadt geschenkt

Das Äußere des Hallenbades, das sich bis heute kaum verändert hat. Es liegt an der Burgstraße

Mit Recht ist Viersen stolz auf seine vielen Parks und Grünanlagen. Wenn auch der Slogan »Stadt im Grünen« heute abgegriffen ist, auf Viersen traf er zu

◁ *Im Ersten Weltkrieg zogen die Kinder aus, um Kuchenab-fälle zu sammeln. Bei der damaligen Ernährungslage eher Galgenhumor*

Das Kriegerdenkmal im Stadtgarten an der Bahnhofstraße. Es hat den Zweiten Weltkrieg unbeschadet überstanden

◁ *Die Viersener Volkszeitung, die der Zentrumspartei nicht allzu fern stand, war eine bedeutende Pressestimme im alten Viersen*

Das ein wenig monumental wirkende Postgebäude an der Freiheitsstraße. Die Aufnahme stammt aus den dreißiger Jahren

Die wirtschaftlichen Folgen des Zweiten Weltkriegs machten solche Aktionen, wie die hier auf dem Foto festgehaltene Aufteilung einer Spinnstoffsammlung, notwendig

Die nationalsozialistische Propaganda war allgegenwärtig. Hier eine vor dem Stadthaus 2 auf der Hauptstraße aufgestellte Tafel, auf der die Mitteleuropa beherrschende Stellung NS-Deutschlands deutlich gemacht wird

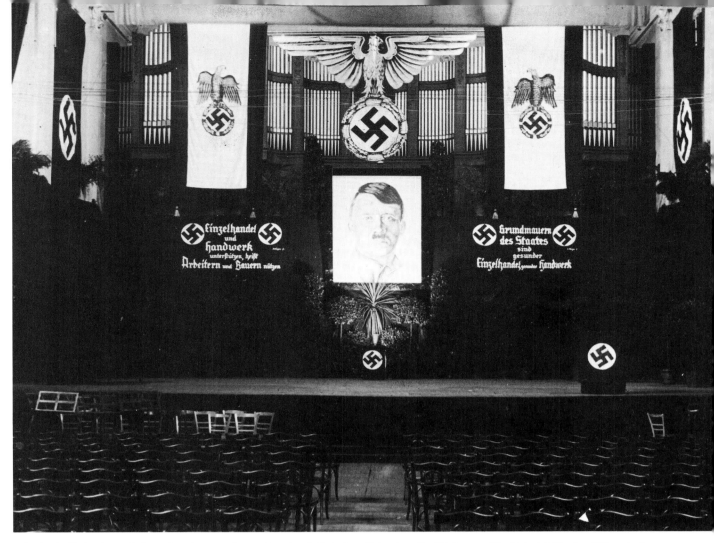

Die Festhalle in einem Schmuck, wie er in der nationalsozialistischen Zeit überall üblich war. Ein Beispiel für den Führerkult

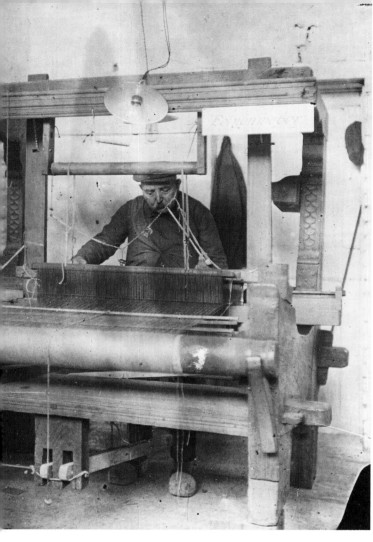

Wirtschaft und Verkehr

Nach dem Untergang der Leinenweberei blieb Viersen jedoch weiterhin stark durch die Textilfabrikation geprägt. Die Samt- und Seidenindustrie wurde heimisch. Zunächst arbeiteten die Weber noch auf dem Handwebstuhl. Dann setzte sich der mechanische Stuhl durch. 1892 gab es bereits drei mechanische Samt- und drei mechanische Seidenwebereien, deren Zahl sich noch erhöhte. Nach dem Ersten Weltkrieg begann auch die Kunstseidenverarbeitung in Viersen. Die Samt- und Seidenproduktion blieb ein wichtiger Faktor im Wirtschaftsleben der Stadt. Etwa 2000 Arbeiter waren hier beschäftigt. In der Baumwollindustrie, die in Viersen besonders durch die Stadtverwaltung gefördert worden war, um nicht allzusehr von den durch die Mode bedingten Schwankungen in der Seidenindustrie abhängig zu sein, waren damals etwa 2100 Personen tätig. Recht bedeutungsvoll war Viersens erste Aktiengesellschaft, die Aktienspinnerei. Sie war 1866 gegründet worden und stellte Flachsgarn her. Viersens Eisenindustrie entstand überwie-

So muß man sich den alten Handweber bei seiner recht beschwerlichen täglichen Arbeit vorstellen

Dieses »Industrieschloß« beherbergte einst die Viersener Aktienspinnerei. Das Gebäude ist heute umgebaut (Feldmühle), wirkt aber immer noch monumental

lernte der 1862 geborene Josef nicht das Gewerbe seines Vaters, sondern begann als 15jähriger eine Ausbildung in einer Kupferschmiede mit Gelbgießerei und Schlosserei. Doch übernahm er 1880, weil ihm der Schlosserberuf nicht zusagte, den väterlichen Kolonialwarenladen. Die Schlosserlehre hielt er für eine verlorene Zeit. Man wird dieses Urteil nicht teilen können, denn Josef Kaiser hatte sich hier ein technisches Grundwissen erworben, das ihm zeitlebens von großem Nutzen gewesen ist. Zunächst stand Josef hinter dem Ladentisch, verkaufte Lebensmittel und röstete Kaffee für die Kundschaft. Davon verstand er etwas. Er hatte eine feine Nase und Zunge und schaffte die rechte Mischung. Sein Röstkaffee fand Anklang. Die Hausfrauen brauchten nun nicht mehr selbst mühselig den rohen, grünen Kaffee in der Pfanne zu rösten, der oft andere Gerüche wie etwa Petroleum angenommen hatte. Kaisers Kaffee hingegen war frei von Beigeschmack. Bald fuhr der junge Kaufmann Waren mit Pferd und Wagen auch in die ländliche Umgebung der Stadt, wo er auf den Bauernhöfen treue Kunden fand, die den gerösteten Kaffee kauften, um Arbeit zu sparen. Das Geschäft florierte. Im Jahre 1882 mußte Josef Kaiser schon eine neue größere Rösttrommel aus Kaldenkirchen anschaffen, bald eine zweite. Drei Jahre darauf wagte er, eine Filiale in Duisburg zu eröffnen, die sein Bruder leitete. Eine kühne Tat. Freunde warnten ihn. Josef Kaiser wollte sogar noch mehr. Im gleichen Jahr folgten Filialen in

gend im Zusammenhang mit der Textilindustrie; sie produzierte Webstühle, Zentrifugen u. a. m. Sie gab in den dreißiger Jahren etwa 1000 Personen Beschäftigung. Ein anderer Industriezweig, das Genußmittelgewerbe, brachte der Stadt ein zweites »Standbein«. Es war die Firma Kaiser's Kaffeegeschäft, die um 1930 allein in Viersen etwa 1100 Menschen Arbeit gab. Wenn man vor nicht allzulanger Zeit sagte, man stamme aus Viersen, dann fiel manchen Leuten auch außerhalb des Rheinlandes sofort der Name dieser Firma ein: Kaiser's Kaffeegeschäft. Es hatte Viersen in ganz Deutschland bekannt gemacht und war das Werk des späteren Kommerzienrates Josef Kaiser und seiner Frau Julie geb. Didden. Josef Kaiser stammte aus einer Viersener Weberfamilie. Sein Vater Hermann (1821–1890) hatte Tag für Tag, außer sonntags, 13–14 Stunden vor seinem Handwebstuhl gesessen, wie so viele andere Viersener auch. Doch besaß er außerdem in seinem Haus noch einen kleinen Kolonialwarenladen, den hauptsächlich seine Frau versorgte, und der noch bis vor wenigen Jahren auf dem Hoser, eingerahmt von der Fabrik, zu sehen war. Da im letzten Viertel des vorigen Jahrhunderts die Handweberei immer deutlicher unter der Konkurrenz der mechanischen Webstühle zurückging,

Josef Kaiser (1862–1950). Dieser ideenreiche Unternehmer machte mit Kaiser's Kaffeegeschäft Viersen in ganz Deutschland bekannt

Josef Kaiser prägte immer wieder seinen Verkäuferinnen ein, daß der Käufer Kunde sei

Der Unternehmer Kaiser wußte sehr geschickt die Reklame für sich wirken zu lassen

Durch eine solche Reklame wie diese sollte dem Kunden bewußt werden, daß die Firma Kaiser ohne Zwischenhandel auskam

Essen und Bochum. Der Sprung in das Ruhrgebiet kam nicht von ungefähr. Der junge Unternehmer rechnete sich aus, daß die im Bergbau und in der Eisenindustrie besser als die Weber am Niederrhein verdienenden Arbeiter sich auch den Luxus des Kaffeetrinkens leisten würden. Die Filialen

So sollten die Geschäftsräume in dem kleinen Laden von Hermann Kaiser auf dem Hoser ausgesehen haben. Später wurden sie auf diese Weise rekonstruiert. Josef Kaiser begann seine Laufbahn in diesem Lädchen seines Vaters

wurden in dichtbesiedelten Wohngebieten eröffnet, sie waren alle gleich ausgestattet und daher unverkennbar. Alle führten das gleiche kleine Sortiment von guter Qualität mit günstigen Preisen. Der Erfolg blieb nicht aus. Kaisers Vertriebsidee, die aus Frankreich und Belgien stammte, wurde bahnbrechend in Deutschland. Josef Kaiser erwies sich auch als geschickter Werber für die »Dampf-Kaffee-Rösterei von Hermann Kaiser«, wie das Geschäft zunächst hieß. Um 1890 ließ er in den Zeitungen eine Reklame erscheinen, in der der Gladbacher Stadtchemiker Dr. G. Neuhöffer auf Grund einer chemischen Analyse erklärte, »daß die fraglichen Kaffeebohnen, sog. Kaiserkaffee, reich an den wichtigsten und bisher bekannten chemischen Bestandteilen der Kaffeebohnen... [seien] und die untersuchten Kaffeebohnen an Extractivstoffen sowohl wie an Nährsalzen, überhaupt an Güte und Werth für die Zwecke der menschlichen Ernährung den besten bis jetzt bekannten Sorten des Handels gleich(-kämen)«. Dieser »Kaiser-Kaffee«

kostete damals pro Pfund 1,70 Mk. Es gab aber außerdem auch billigere Sorten bei Kaisers. Dazu stellte der Essener Gerichtsmediziner Dr. F. Kayser in seinem in der Reklame veröffentlichten Gutachten fest, sie könnten »als durchaus rein und reich an Coffein und wasserlöslichen Extractivstoffen bezeichnet werden... Laut vorstehender Untersuchungen und Attesten«, so schloß die Werbung, »sollten obige Kaffees wegen ihres hohen Coffeingehaltes und lieblichen Aromas in keinem Haushalt fehlen.« Man sieht, Werbung mit wissenschaftlicher Untermalung war schon damals beliebt. Übrigens hat Kaiser später durch die lachende Kaffeekanne, die Peter Behrens 1904 entworfen hatte, ein Markenzeichen erhalten, das zu den gelungensten überhaupt gehört. Daß er Behrens, den »Vater der schönen Form«, den C. Blechen noch vor kurzem als das »ästhetische Gewissen der Industrie« bezeichnet hat, für seine Werbung gewonnen hatte, ist ein weiterer Beweis für den Spürsinn und Weitblick des Viersener Industriepioniers. Nach dem Tod von Her-

Ein anderer Raum in dem kleinen Laden von Hermann Kaiser. Ob die Rekonstruktion die Wirklichkeit getroffen hat?

mann Kaiser 1890 setzten seine Kinder unter Führung von Josef Kaiser das Geschäft fort und dehnten ihre Kette nach Süddeutschland, Südwestdeutschland und ins Elsaß aus. 1893 wurden z. B. zwei Filialen in der elsässischen Stadt Straßburg eröffnet. Der Firma war es inzwischen gelungen, in Rotterdam bei den niederländischen Kaffeeversteigerungen über einen Makler bieten zu können. Für das junge Unternehmen wurde die Lage noch günstiger, als es direkt in Brasilien einkaufen und von dort die Ware auf deutschen Schiffen nach Hamburg bringen ließ. Zwölf Jahre nach der ersten Filiale in Duisburg konnte 1897 die hundertste in Bamberg eröffnet werden. Die Handelskette wuchs so erstaunlich schnell, daß man ein Jahr darauf schon fast 250 Filialen zählte. Inzwischen waren Zweigröstereien in Berlin (1897) und Heilbronn (1898) notwendig geworden. Der Siegeszug von Kaiser's Kaffeegeschäft – so hieß das Unternehmen seit 1899 – war unaufhaltsam. Kurz vor dem Ersten Weltkrieg hatte die Firma über 1370 Filialen und fast 4000 Beschäftigte. Der verlorene Erste Weltkrieg ging natürlich auch an dem so florierenden Unternehmen nicht spurlos

vorüber. Es gab noch etwas über 1000 Filialen und 2500 Mitarbeiter. Doch Josef Kaiser ließ sich nicht entmutigen. 1930 gab es 1422 Filialen. Das waren 52 mehr als vor dem Ersten Weltkrieg. Kurz vor dem Zweiten Weltkrieg war die Zahl der Filialen auf 1800 gestiegen und die Belegschaft mit 10 000 Beschäftigten so groß wie die Einwohnerschaft einer kleineren Stadt. Die Filialen verkauften soweit wie möglich Eigenprodukte. 1899 errichtete Kaiser seine eigene Schokoladenfabrik in Viersen in den Räumen einer aufgegebenen Samtweberei. Er machte selbst Malzkaffee und baute in Viersen eine Nahrungsmittelfabrik auf. 1909 kam in Viersen eine Backwarenfabrik hinzu, weitere Werke wurden erworben. Man kann Theodor Bohner zustimmen, wenn er schreibt: »Der Aufstieg vom kleinen ländlichen Kolonialwarenhändler ohne eigenes Kapital zum Kaufmann von Weltruf ist eines der Märchen unserer Zeit . . . « Josef Kaiser und seine Frau haben nie verleugnet, daß sie aus einfachen Verhältnissen kamen. Es war für sie selbstverständlich, soziale Einrichtungen für die Mitarbeiter zu schaffen. Schon zwei Jahre nach dem Ausbau der Firma zu einem Filialunternehmen, 1897, entstand eine Betriebskrankenkasse. Eine 1910 ins Leben gerufene Stiftung für Wöchnerinnen trug den Namen von Julie Kaiser. Die 1915 in der Kriegsnot eingerichtete Josef-Kaiser-Stiftung für Kriegsinvaliden und Kriegshinterbliebene wurde 1930 zu einer allgemeinen Versorgungseinrichtung für die Betriebsangehörigen. Auch als

Der Ehrenbürgerbrief

den anschließend Herr Oberbürgermeister Dr. Gilles verlas, hat folgenden Wortlaut:

Wir, Oberbürgermeister, Beigeordnete und Stadtverordnete der Stadt Viersen, bekunden hiermit, daß die Stadtverordneten-Versammlung zu Viersen durch einstimmigen Beschluß dem Herrn Beigeordneten

Kommerzienrat Josef Kaiser

bei Vollendung seines 70. Lebensjahres das

Ehrenbürgerrecht
der Stadt Viersen

in Anerkennung der hohen Verdienste verliehen hat, die er sich während seiner 35jährigen ehrenamtlichen Tätigkeit um die Wohlfahrt der Bürgerschaft sowie durch eine weit über die Grenzen unserer Heimatstadt hinaus sich segensreich auswirkende Förderung der Bestrebungen auf kulturellem, sozialem und wirtschaftlichem Gebiet erworben hat.

Durch diese Auszeichnung will die Bürgerschaft der großen Wertschätzung, deren sich ihr hervorragender Mitbürger in allen Kreisen erfreut, öffentlich Ausdruck geben.

Viersen, den 20. Oktober 1932.

Der Oberbürgermeister:
gez. Dr. Gilles.

Die Beigeordneten:
gez. Steinhauf, Wilden, Krins, Halfig, Zahn.

Die Stadtverordneten:
gez. Backes, Derksen, Feikes, Giesen, Hoster, Hülser, Jennen, Jinkertz, Konnertz, Kühlen, Lankes, Maaßen, Meskes, Mießen, Mirbach, Moos, Nowak, Sahl, Dr. Schaub, Schelkes, Schippers, Dr. Schmidt, Schmitz.

* * *

Josef Kaiser mit seiner Frau Julie geb. Didden. Ihr verdankt der Unternehmer viel. Ihre Tatkraft war ebenso sprichwörtlich wie ihr sozialer Einsatz

Haus Clee bei Waldniel (heute Schwalmtal). Diesen schönen Herrensitz bewohnte Josef Kaiser seit 1937. Hier ist er 1950 im hohen Alter von 87 Jahren gestorben

Josef Kaiser (sitzend dritter von links) im Kreise seiner Schützenbrüder auf dem Hoser. Die Aufnahme ist von 1890

Stadtverordneter und Beigeordneter versuchte Josef Kaiser seinen Mitbürgern, die ja schon auf vielerlei Art von dem Blühen der Firma Kaiser profitierten, zu dienen. Bei Vollendung seines 70. Lebensjahres 1932 verlieh ihm die Stadt Viersen die Ehrenbürgerwürde. In einer außerordentlichen Stadtratssitzung am 20. Oktober würdigte der damalige Oberbürgermeister Gilles die Verdienste von Josef Kaiser. Er gab einen kurzen Überblick über die Entwicklung der Firma, die »den Namen Viersen über die ganze Welt bekannt gemacht« habe und ging dann auf »die Tätigkeit, die der Gefeierte auf kulturellem und sozialem Gebiet, hier mit Unterstützung seiner gleichgesinnten Gattin« entfaltet habe. »Ich darf daran erinnern«, so fuhr Dr. Gilles fort, »daß er schon frühzeitig, im Jahre 1890, eine Bibliothek für seine Werksangehörigen gründete, die heute 2000 Bände umfaßt; daß es seiner offenen Hand zu danken ist, daß in der Stadt Viersen lange Jahre eine Kaufmannsschule von seinem Prokuristen Karl Wolters geführt wurde, die heute von der Stadt übernommen, kaufmännischem Nachwuchs wertvolle Kenntnisse vermittelte. Ich erinnere an die Stiftung zur Erbauung der Stadthalle, wodurch es der Bürgerschaft erst ermöglicht wurde, wertvolle Veranstaltungen in größtem Ausmaße zu genießen . . . « Dann zählte das Stadtoberhaupt weitere Stiftungen auf: die Badeanstalt »im Interesse der Volksgesundheit«, die »Silberne Hochzeitsstiftung«, die Kriegsopferstiftung, die Geschäftssparkasse u. a. m. Sein Nachredner, Kommerzienrat Zahn, charakterisierte den

Geehrten als einen »Mann von schlichtem Wesen, festem Willen, außergewöhnlicher kaufmännischer Begabung, steter Hilfsbereitschaft und unermüdlicher Schaffensfreudigkeit . . . «. So lebt er heute noch in der Erinnerung vieler fort. Der Tod seiner Frau Julie geb. Didden 1942 traf Josef Kaiser schwer. Diese schlichte und natürliche Frau war, wie es ein Nachruf ausdrückt, »voll tiefer Frömmigkeit und gläubigen Gottvertrauens, unbeirrbar in ihrem Sinn für Rechtlichkeit, getragen von warmem Mitgefühl für ihre Mitmenschen, durchdrungen von tiefem sozialem Verständnis . . . « Josef Kaiser, der seit 1937 auf Haus Clee bei Waldniel wohnte, starb 8 Jahre später am 17. Juni 1950 im Alter von 87 Jahren. »Die Talente, die ihm Gott gegeben«, so stand im Totenzettel, »hat er in seinem langen Leben nicht vergraben . . . « Bis jetzt zeugen die Festhalle und das Kaiserbad von diesem großen Viersener, der sobald nicht in Vergessenheit geraten wird.

Trotz des unaufhaltsamen Aufstiegs der Firma Kaiser's Kaffeegeschäft, der für die Stadt um 1930 etwa 1000 Arbeitsplätze brachte, war auch Viersen nach 1928 durch hohe Arbeitslosigkeit geprägt. Auf 1000 Einwohner entfielen am 31. März 1932 54,1 »Wohlfahrtserwerbslose«. Damit stand Viersen an der Spitze anderer rheinischer Städte (Krefeld 18,7; Köln 44; Gladbach-Rheydt 44,4; Düsseldorf 45,6; Düren 52,2). Der Verwaltungsbericht hat recht, wenn er feststellt: »Nichts vermag deutlicher den wirtschaftlichen Niedergang unseres Volkes zu kennzeichnen . . . «

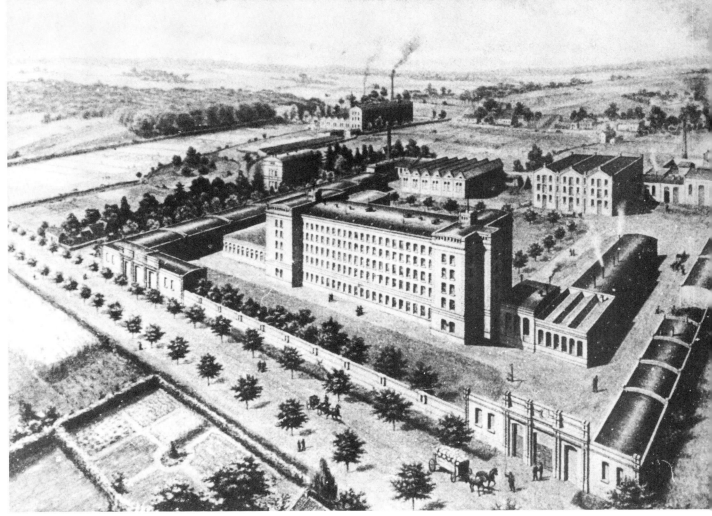

Ansicht der Aktienspinnerei aus der Vogelschau um 1925

Baumwollfärberei K. Krupp um 1925   *Dachpappenfabrik Peter Genenger um 1925*

Teilansicht der Weberei Gebr. Schaub um 1925

Auf Visitenkarten und Briefköpfen vieler Firmen findet man im 19. Jahrhundert solche malerischen Fabrikansichten

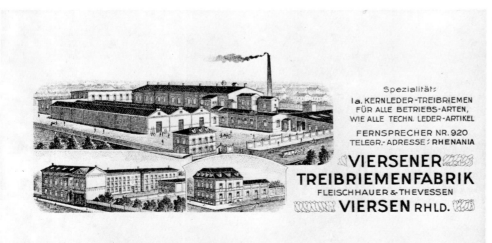

Zunächst mögen diese Fabrikansichten maßlos übertrieben wirken. Doch bei genauem Hinsehen wird man feststellen, daß sie so realitätsfern nicht sind

Auch die Geschäftskarten ohne Fabrikansichten waren recht kunstvoll gestaltet

Wappen und Embleme hatten auch schon damals ihren besonderen Reiz

Typisch bei solchen Geschäftskarten ist die Verwendung mehrerer Schrifttypen

Wenn man die Geschäftskarte von Jacob Sigmann mit dieser vergleicht, so erkennt man, daß die Entwürfe aus derselben Werkstatt stammen müssen

Blick auf das ehemalige Kloster St. Pauli mit Weiher und der neuerrichteten Fabrik nebenan

Das Gebäude des einstigen Klosters wurde zunächst von der Mechanischen Seidenweberei benutzt, ehe es 1905 abgebrochen worden ist. Aus dieser Zeit stammt die Aufnahme

Gegrundet 1860.

Reichsbank Giro-Conto
Postscheck-Conto Köln N°3788.

Gerberei und Treibriemen-Fabrik
Johann Biertz
Gesellschaft mit beschränkter Haftung.

FABRIK in MAILAND ✳ FILIALE in BERLIN.
Centrale für Russland
in MOSKAU.

Viersen (Rhld)

Telegramm-Adresse: Biertz Viersen.
Fernsprecher N° 9.
A.B.C.Code 5th Edition.

Vertreten durch W. Krime

Fabrikate:

Hauptantriebs- und Walzwerks-Riemen
bis zu drei Meter Breite und Übertragung bis zu 2000 Pferdestärken.

Dynamo-Riemen in Extra-Qualität und bestbewährter Sonderausführung mit vollem Querschnitt oder mittelperforiert, D. R. P. 138382.

Wasserdichte, gewalzte Dauerleder-Riemen, sehr widerstandsfähig gegen die Einwirkung von Feuchtigkeit, Dämpfen u. s. w.

Sonder-Riemen für Halbkreuz- und Winkel-Trieb, für Kegelscheiben und Centrifugen.

Selfaktor-Riemen, doppelt und einfach, mit und ohne Naht, man achte auf Schutzmarke,,Kanone".

Rauhmaschinen-Riemen (namentlich Trommelriemen) für Monfort'sche, Gessner'sche und andere Systeme.

Nur gekittete Riemen, insbesondere für schnellaufende Holzbearbeitungsmaschinen.

Präparierte Riemen f. Naßbetriebe, nur gekittet ohne Naht, nach besond. Methode hergestellt.

—— Alle technischen Leder und Leder-Artikel für Fabrik-Bedarf. ——

Gustav Wolzenburg
Civil-Ingenieur
Köln, Am Kümpchenshof 8
Tel. West 50013 u. 52475

RHEINISCHE HERD- u. OFENFABRIK
GEBR. DINSING / VIERSEN RHLD

Blick auf die Fabrikationsanlagen von Kaiser's Kaffeegeschäft, die erst in unserer Zeit abgerissen worden sind

Die Schokoladenfabrik von Kaiser's Kaffeegeschäft an der Brückenstraße

Der alte Viersener Bahnhof vor der Verlegung der Bahnstraße, die im Jahre 1921 abgeschlossen war. Dieses Foto stammt aus der Zeit vor dem Ersten Weltkrieg

Nachzutragen ist noch Viersens Verkehrsentwicklung im 19. Jahrhundert, die entscheidend zum wirtschaftlichen Aufschwung der Stadt beigetragen hat. Unter der Herrschaft der Franzosen entstanden in Viersen erstmals gute, brauchbare Straßen, wie etwa 1800 die Verbindung von Viersen nach Neuß und damit an den Rhein. Die Preußen bauten das von der Stadt ausgehende Straßennetz weiter aus. 1832 entstand eine Chaussee, die zum Bökel führte, 1840 die Chausseen nach Gladbach, dem Kreissitz, und nach Dülken. 1845 endlich wurde die Chaussee nach Süchteln fertig. Damit waren gute Verbindungswege geschaffen, über die heute noch teilweise der Autoverkehr rollt. Schon 1848 erhielt der damalige Flecken Viersen einen Anschluß an die Bergisch-Märkische Eisenbahn. Ein wichtiges Datum für das Aufblühen der Gemeinde, die ja erst acht Jahre später zur Stadt wurde. Das Eisenbahnnetz um Viersen wurde nach der Mitte des 19. Jahrhunderts immer dichter. 1865 war die Strecke nach Dülken fertig und 1881 die nach Neuß. Lange dauerte es, ehe die Stadt eine gute Verbindung nach Köln erhielt. Es bestand zunächst die Gefahr, daß Viersen bei der Strecke Köln–Grevenbroich–Mönchengladbach–Venlo umgangen würde. Doch schließlich gelang es noch kurz vor

dem Ausbruch des Ersten Weltkriegs, 1914, an diese wichtige Verbindung – vorher konnte man nur über Neuß nach Köln fahren – angeschlossen zu werden. 1921 war die Verlegung der Bahntrasse weiter nach Osten abgeschlossen, und der neue Bahnhof, der heute noch steht, wurde in Betrieb genommen. Über die damalige Trasse wurde eine Straße gelegt (Freiheitsstraße, Kölnische Straße). Noch von einer anderen Eisenbahn ist zu berichten. Während die Bergisch-Märkische Eisenbahn, der Viersen den ersten Bahnanschluß noch vor der Kreisstadt Gladbach verdankt, verstaatlicht wurde, blieb die Krefelder Eisenbahn in Privathänden. Die »Krefeld-Kreis Kempener Industrie-Eisenbahn-Gesellschaft«, wie sie zunächst recht umständlich hieß, hatte 1868 die Konzession für eine Eisenbahn von Süchteln über Vorst–St. Tönis–Krefeld–Hüls–St. Hubert–Oedt zurück nach Süchteln mit einer Abzweigung nach Viersen erhalten. Doch die Blütenträume gingen nicht in Erfüllung. 1874 mußte die Gesellschaft Konkurs anmelden. 1880 wurde ein neuer Anfang gemacht und Viersen an die Strecke Süchteln–Kempen–Hüls–Krefeld angeschlossen. Ab 1892 wurde »der Schluff«, wie die Krefelder Eisenbahn im Volksmund hieß, in das Güterverkehrsnetz der staatlichen

Das Personal des alten Viersener Bahnhofs, streng nach Rang geordnet. Nur das kleine Mädchen paßt eigentlich nicht in diesen Rahmen

Durch die enge Hauptstraße fuhren einst die Straßenbahnen nach Mönchengladbach, Dülken und Süchteln. Im Zeitalter der »Motorisierung« mußte die Straßenbahn, weil sie als altmodisch galt, weichen

Dieses Foto aus den zwanziger Jahren zeigt, daß es auch in Viersen damals schon Autoliebhaber gab

Eisenbahn einbezogen. Eine Erweiterung der Strecke vom Viersener Bahnhof, der an den »Schwarzen Pfählen« lag, über die Freiheitsstraße – Große – Bruchstraße – Neumarkt (heute Gereonsplatz) zum Hoser und Bockert, wie sie nach dem Ersten Weltkrieg geplant worden war, konnte in der Weltwirtschaftskrise nicht verwirklicht werden. Neben der Eisenbahn gab es übrigens auch noch eine gute Straßenbahnverbindung zu dem nahen wirtschaftlichen Zentrum Mönchengladbach, die 1906 ihren Betrieb aufnahm. Die Vereinigte Städtebahn, wie die Gesellschaft hieß, verband Viersen auch mit Dülken und Süchteln, dem ja ein Anschluß an die

Reichsbahn fehlte. Kurz seien noch die Buslinien nach Hardt, Anrath und Rennekoven über die Schirick und Bistard erwähnt, die ab 1927 liefen. »Diese Verbindungen«, so hieß es offiziell, »werden gerne benutzt, weil sie eine günstige Gelegenheit bieten, die geschäftlichen Angelegenheiten in der Stadt (= Viersen) zu erledigen.« Sie stellen also den gelungenen Versuch dar, das Hinterland stärker an die Stadt anzuschließen. Außerdem konnten die Viersener nun wie die Gladbacher das Naherholungsgebiet des Hardter Waldes besuchen.

Der Schultheißenhof war einst Sitz des Schultheißen des Kölner Stifts St. Gereon. Im 19. Jahrhundert bildete das

Gebäude den Grundstock für eine Schule. Hier eine Rekonstruktion von Rektor P. Lankes

Schule und Kultur

Bei der Begründung der Stadt Viersen, warum sie kreisfrei werden wolle, spielte die reiche Palette an schulischen Einrichtungen eine wichtige Rolle. Damals gab es zwölf katholische und drei evangelische Volksschulen, außerdem eine kleine, 1905 von der Stadt übernommene jüdische Schule und die 1912 gegründete Sonderschule. Hinzu kamen das Gymnasium, das Lyzeum, die Berufsschule und eine kaufmännische Privatschule. Wir können hier nicht auf die wechselvolle Geschichte der einzelnen Schulen eingehen und begnügen uns mit einigen Schlaglichtern. Um die Jahrhundertwende waren die sogenannten Volksschulen vierklassig, d. h. jede Klasse umfaßte zwei Jahrgänge. Die Durchschnittsschülerzahl pro Klasse betrug 1910, für uns fast unverständlich, 57 Kinder, 1885 waren es sogar 70 Schüler gewesen. Vor dem Ersten Weltkrieg entschloß man sich, in den Schulen des engeren Stadtbezirks ein siebenstufiges System einzuführen. In einem Rückblick auf die Stadtgeschichte von 1885 bis 1910 gab Bürgermeister Stern unumwunden zu, daß die Einkommensverhältnisse der Lehrer sehr bescheiden waren. Mehrfach haben deshalb die Stadtverordneten »aus freier Entschließung« die Gehälter angehoben.

Im Jahr 1886 gab die Stadt für die Volksschullehrer an Gehältern, Mietsentschädigungen und Alterszulagen knapp 70 000 Mark aus; 25 Jahre später schon knapp 250 000 Mark. Dennoch lag das Endgehalt eines Hauptschullehrers noch 1910 weit unter dem des Stadtrendanten und nur knapp über dem eines Stadtsekretärs. Es entsprach nicht ganz dem Gehalt eines Polizeikommissars.

Auf die beiden höheren Schulen waren die Viersener Stadtväter besonders stolz. Das Gymnasium hatte eine »bewegte Vergangenheit«. 1876 als Bürgerschule gegründet – eine katholische Privatschule war Opfer des Kulturkampfes geworden –, nahm sie 1882 den Charakter eines Realprogymnasiums an. 1894 änderte sie ihren Namen in Progymnasium mit Realabteilung, 1899 in Realprogymnasium und 1901 in Humanistisches Gymnasium. In den verschiedenen Namensformen spiegelt sich die Diskussion wider, ob die höhere Schule sich mehr nach den praktischen Bedürfnissen

Die Viersener Bürgerschule im Schatten von St. Remigius

Viersener Industrieller (Naturwissenschaften, neuere Sprachen) ausrichten oder auf die höheren Studien mit Griechisch und Latein vorbereiten sollte. 1913 hat man diesen Interessenkonflikt so gelöst, daß neben dem humanistischen Zweig ein Realzweig eingerichtet wurde. Das Lyzeum, das erst ab 1912 diesen Namen führte, ging aus einer Privatschule hervor, die die Stadt 1903 übernommen hatte. Die Fortbildungsschule, als Vorläufer der Berufsschule, datiert von 1886 und war eine Sonntags- und Abendschule. 1919 wurde für die Handwerks- und Kaufmannslehrlinge die Berufsschulpflicht eingeführt. Die erste hauptamtliche Lehrkraft gab es ab 1925. Der Tagesunterricht begann. 1936 umfaßte die Berufsschule schon fünf hauptamtliche Gewerbeoberlehrer und drei Diplomhandelslehrer. Als Gebäude stand die ehemalige Volksschule an der Friedensstraße (heute Hohlstraße) und später außerdem die Schule an der Gereonstraße zur Verfügung. 1937 schlossen die Städte Viersen, Dülken und Süchteln einen Berufsschulzweckverband und errichteten gleichzeitig eine Handelsschule. Außerdem gab es in Viersen noch eine private Webschule, die von der Stadt finanziell unterstützt wurde. Hier lernten junge Weber zunächst den Umgang mit dem Handwebstuhl und nach seiner Verdrängung die Bedienung des mechanischen Stuhls. Diese Schule ging als »Weberfachklasse« in der städtischen Fortbildungsschule auf.

Da Viersen in unmittelbarer Nachbarschaft zu Mönchengladbach lag, wo seit 1903 ein eigenes festangestelltes städtisches Orchester wirkte, wäre es vermessen gewesen, wenn sich auch das damals viel kleinere Viersen »eine solche Zierde« zugelegt hätte. Aber immerhin gab es seit 1909 eine städtische Orchestergesellschaft, ein Dilettantenverein, der von verschiedenen Konzertmeistern und Musikdirektoren geleitet wurde und gelegentlich Konzerte gab. »In dankbarer Weise hat sich die Orchestergesellschaft«, so heißt es 1925, »stets uneigennützig in den Dienst des Guten und Schönen gestellt.« Besonders hervorgehoben wird die Bereitschaft der Musiker, »vaterländische oder vaterstädtische Abende durch ihre Kunst zu verschönern ...« Der jeweilige Dirigent durfte sich ab 1922 Städtischer Kapellmeister nennen. Man hoffte dadurch den Dirigenten und seine Musiker anzuspornen, »immer Besseres« zu leisten, um auch einmal »den höchsten Anforderungen« entsprechen zu können. Es bleibt zu fragen, ob man dies von einem Laienorchester überhaupt erwarten durfte. Obendrein gab es von 1923 an noch eine ernsthafte Konkurrenz, die Viersener Kapelle, die sich später Viersener Orchester nannte und auch Berufsmusiker unter den Instrumentalisten zählte. Warum man nicht zueinander fand, verschweigt der Bericht von Konrektor P. Faßbender über das Viersener Musikleben vor fünfzig Jahren. »Es wäre eine Vereinigung für das Viersener Kunstleben von großer

Das Viersener Jungengymnasium, das bis zum heutigen Tag seine äußere Gestalt in diesem Teil der Schule kaum geändert hat. Nur die Mauer ist verschwunden

Bedeutung gewesen«, so meint er mit Recht. Doch dürfe man sich, auch »wenn beide getrennt« marschierten, »füglich beider freuen, da sie, jeder an seinem Platz, das Musikleben ... wirksam beeinflussen« würden. Es scheint für das Viersener Musikleben geradezu symptomatisch gewesen zu sein, möglichst bald für Konkurrenz zu sorgen. So war es auch bei der Musikschule. Im Jahre 1908 gründete Musikdirektor Heinrich Houfer ein Konservatorium, das später in den Besitz des Krefelder Konservatoriums überging, aber in Viersen weiterbestand. 1915 begann unter dem Namen Viersener Musikschule ein Konkurrenzunternehmen mit dem Unterricht. 1920 wurden aber beide Institute vereinigt. Ein Sieg der Vernunft. Etwas anderes ist es, wenn mehrere Gesangvereine in einer Stadt miteinander wetteifern. Viersen war sehr sangesfreudig. Da gab es den Kirchenchor von St. Remigius aus dem Jahre 1849. Um diese Zeit muß auch die Liedertafel entstanden sein. Etwas jünger ist der Liederkranz, der von 1868 datiert. Aus der Liefertafel ging 1884 der Viersener Quartettverein hervor, der als sehr renommierter Chor galt. Für Viersens Musikleben wichtig war der 1871/72 begründete Städtische Gesangverein. Er war im Unterschied zu den anderen Chören ein gemischter Chor, der seit 1876 von dem bedeutenden Gladbacher Musikdirektor Lange geleitet wurde und auch schwierige Werke meisterte. Einige weitere Chöre können hier nicht genannt werden. Alle bildeten, wie es P. Faßbender ausdrückte, »weil sie ihre Freunde an den Vereinsabenden und an den Konzerten erfreuen und erheben, einen bedeutsamen Faktor im Viersener Kunstleben«.

Eine eigene städtische Kulturverwaltung gab es nicht. Erst nach dem Ersten Weltkrieg beginnt die Stadt, sich dieses Gebietes anzunehmen, als sie 1920 die Volkshochschule gründet, die, wie es der Verwaltungsbericht ausdrückt, »im Zusammenhang mit der besonders in den Jahren 1918/19 in ganz Deutschland stärker hervorgetretenen Volksbewegung zur Verbreitung und Vertiefung von Wissenschaft und Bildung in allen Volkskreisen, vor allem unter den Handarbeitern«, steht. Die Volkshochschule wurde von einem Verwaltungsrat geleitet, der teils von den Stadtverordneten, teils von den Hörern selbst gewählt wurde. Außerdem gab es noch einen durch die Hörer gewählten Vorlesungsausschuß. So fortschrittlich war man schon damals. Für die Vorlesungen benutzte man Räume im Gymnasium in der Wilhelmstraße. Die Leitung hatten Gymnasialdirektoren und Studienräte. Die Kurse behandelten Themen aus der Rechtswissenschaft, Volkswirtschaft, Philosophie, Naturwissenschaft, Literatur, Kunst u.a.m. Wenn auch die Hörer allen Schichten angehörten, so bevorzugten doch »die handarbeitenden Klassen« Naturwissenschaft, Volkswirtschaft und »zum Teil auch Philosophie«. Für Themen aus der bildenden Kunst interessierten sich »besondere Kreise ..., die über mehr als Volksschulbildung« verfügten. Im Studienjahr 1923/24 mußte die Volkshochschule wegen der ungünstigen wirtschaftlichen Lage – die meisten Hörer konnten die Gebühren nicht mehr bezahlen, und die für die Kurse benutzten Klassenräume wurden nicht mehr geheizt – ihren Betrieb einstellen. 1924 tat man sich mit dem Verein für Wissenschaft und Kunst zusammen und gründete auf

*Das Lehrerkollegium des Jungengymnasiums im Jahre 1902
(untere Reihe dritter von links der Direktor Dr. Löhrer, der
Geistliche ist Dr. Fritzen)*

*F. W. Lohmann, der Verfasser einer umfangreichen Viersener
Stadtgeschichte (1912)*

Initiative von Oberstudiendirektor Dr. Kapelle die Arbeitsgemeinschaft für Heimatkultur, die Träger der Volkshochschule wurde. Eine Vortragsreihe über das »Dawes-Gutach-
ten«, die der Mitarbeiter des Volksvereins für das katholische Deutschland in Mönchengladbach, Dr. Neuenhofer,
halten wollte, kam trotz der Aktualität des Themas wegen
zu geringer Beteiligung nicht zustande. Eine Vortragsreihe
über die Welteistheorie, die der Viersener Studienrat Brettar
hielt, konnte jedoch mit über 50 Hörern starten. Und als Dr.
van den Boom, ebenfalls ein Mann des Volksvereins, einen
Einzelvortrag über den Dawesplan hielt, kamen wenigstens
12 Hörer, so daß sich die Arbeitsgemeinschaft entschloß, die
Volkshochschule bestehen zu lassen. Sie wurde nicht ent-
täuscht. 1925 blieben die Hörer nicht mehr aus. Der
Düsseldorfer Organist und Komponist Jakobus Menzen
lockte z.B. mit seiner Vortragsreihe über »Musik und
Leben« 103 Besucher an, und der als mitreißender Redner
bekannte Mönchengladbacher Religionslehrer Dr. Willem-

Höhere Bürgerschule zu Viersen.

Vollberechtigt durch Erlass vom 25. September 1878.

Abgangs-Zeugniss.

Ernst Brües

geboren zu *Viersen* am *9. August 1866*, *kath.* Confession,

Sohn des *Lehrers Ewald Brües* zu *Viersen*,

hat die hiesige höhere Bürgerschule seit *Herbst 1876* von der Classe *Sexta*

an besucht und in der *Untersekunda* seit *Ostern 1881*, also *ein* Jahr, gesessen.

Er hat in den von ihm besuchten Classen _____ an allen Unterrichtsgegenständen Theil genommen.

Er ist nach Oberprima versetzt.

Real-Progymnasium
der Stadt Viersen.

➤█◄

◆ ✦ **Zeugniss** ✦ ◆

Klotz : 1.
Schülerzahl : 18.

für *Max Brües*

Schüler der Klasse **Tertia sup.**, für das *III.* Tertial des Schuljahres 18 *92/93.*

Stufenfolge der Prädikate im Betragen: Lobenswert — gut — im Ganzen gut — nicht ohne Tadel — tadelnswert.
Stufenfolge der Prädikate in Aufmerksamkeit und Fleiss, sowie in den Leistungen:
Recht gut — gut — genügend — mangelhaft — ungenügend.
(Das vierte Praedikat kann die Versetzung ausschliessen; es schliesst sie namentlich dann aus, wenn es in mehreren Gegenständen erteilt werden muss.
Verfüg. des Kgl. Prov.-Schulkoll. vom 15. Febr. 1882 Nro. 817.)

Die Höhere Töchterschule auf der Remigiusstraße im ehemaligen Haus Pongs

sen begeisterte in seiner Vortragsreihe über »Religiöse Gegenwartsfragen« 103 Teilnehmer. Die Volkshochschule war vom Publikum akzeptiert. Es gab zwar immer wieder einmal einen schlecht besuchten Vortrag. Doch war Dr. Kapelle in den folgenden Jahren mit der Entwicklung der Volkshochschule, die übrigens aus Bescheidenheit ab 1925 Volksbildungsschule hieß, zufrieden. Ab 1927 gab es auch zum ersten Mal einen Sprachkurs, der so gut einschlug, daß man dieses Angebot ausbauen mußte. Im Schuljahr 1931/32 geriet die Volkshochschule erneut in eine Krise, ein Englischkurs wurde noch zu Ende geführt und darauf der Betrieb vorläufig eingestellt, da keine Mittel mehr im Etat der Stadt zur Verfügung standen. Im Jahr darauf beschränkte man sich auf die Abhaltung einer Arbeitsgemeinschaft über moderne Kunst, die Dr. Kapelle selbst leitete und von 15 Hörerinnen besucht wurde.

Ein Jahr nach der Gründung der Volkshochschule im Jahre 1921 schlossen sich »Kunstfreunde aus Viersen, Dülken und Süchteln« zu einer Theatergemeinde zusammen, da man »die hiesige Bevölkerung nicht mehr wie früher auf den Besuch benachbarter Kunststädte wie Krefeld, Mönchengladbach, Düsseldorf oder Köln verweisen ... und nicht die engere Heimat ohne Bedenken den Kunstpiraten für minderwertige Darbietungen und zur geschäftlichen Ausbeutung überlassen« dürfe. Auch hier war die Tendenz unüberhörbar, »breitere Volksschichten« für die Kultur zu gewinnen. Man verpflichtete Bühnen aus Düsseldorf, Köln, Krefeld, Mönchengladbach, Rheydt und Düren (Rheinische Landesbühne), Kassel u. a. Ab 1923 schloß man sich stark an das Gladbacher Theater an, das nun fest mit der Viersener Theatergemeinde rechnen konnte. Besonders beliebt beim Publikum waren die Operettenaufführungen. Moderne Werke wie etwa »Schwanda, der Dudelsackpfeifer« von J. Weinberger oder »klassische« Stücke wie der »Prinz von Homburg« von H. v. Kleist wurden für die Theatergemeinde ein finanzieller Mißerfolg, weil die Zuschauer ausblieben. 1930 konnte Oberstudiendirektor Kapelle als Vorsitzender nicht ohne Stolz mitteilen, »daß die Arbeitsgemeinschaft und die Jugend in erheblicher Zahl Freunde des Kulturtheatergedankens geworden« seien. Die Stadt Viersen unterstützte die Theatergemeinde durch einen Zuschuß und stellte ihr die Festhalle zur Verfügung. Außerdem gab es eine Reihe von Freunden und Gönnern, die das Unternehmen geldlich unterstützten, und einen festen Abonnentenstamm, auf den man Jahr für Jahr rechnen konnte. Die Theatergemeinde blieb in der Spielzeit 1931/32 nicht von den Folgen der Weltwirtschaftskrise verschont. Statt 12 Vorstellungen konnten nur 7 gegeben werden. Da fraglich war, ob das

Das Lyzeum an der Hauptstraße, daneben die Löwenapotheke. Das im Zweiten Weltkrieg zerstörte Gebäude gehörte ursprünglich der Familie Greef

Das Kollegium des Lyzeums 1926: Stehend: Thomas, Hedwig; Simon, Margarete; Decker, Maria; Lohschelder, Gertrud; Dr. Schmitz, Thekla; Heinrichs, Maria. Sitzend: Volß, Elisabeth; Miessen, Elisabeth; Klauß, Margarete

Die Festhalle, die in den Jahren von 1906–1913 nach Plänen des Viersener Stadtbaurats Frielingsdorf unter Verwendung nach einem Wettbewerb angekaufter Entwürfe erbaut wurde

*Bazarfest 1912. Es wurde vom Verschönerungs- und Vater-
ländischen Frauenverein veranstaltet (vordere Reihe von*

*links: Regierungspräsident Dr. Kruse [1], Bürgermeister
Stern [2], J. Kaiser [4])*

Gladbacher Theater weitergeführt wurde, schloß man Ende
September 1931 einen Spielvertrag mit dem Krefelder Theater ab. Die Theatergemeinde hatte natürlich das Glück, in
der Viersener Festhalle, die sie mit Hilfe der Stadt Viersen
für Theateraufführungen eingerichtet hatte, ein Haus zu
finden, das von einer besonders guten Akustik war und
dadurch vor allem musikalische Werke zu einem Erlebnis
werden ließ. P. Faßbender, ein unermüdlicher Mitstreiter in
der Theatergemeinde, schrieb 1930 über die bis in die
dreißiger Jahre so genannte Stadthalle voll Überschwang:
»Dieser herrliche Kunsttempel, um den uns manche, auch
bedeutendere Städte als Viersen, beneiden, verdankt seine
Entstehung einer Stiftung des Kommerzienrats J. Kaiser.
Die Stadt beteiligte sich zum Bau dieses prachtvollen Hauses
mit der gleichen Summe, so daß es für den Preis von
annähernd zweihundertfünfzigtausend Mark einschließlich
innerer Einrichtung in den Jahren 1911/13 eine Heimstätte
für künstlerische Veranstaltungen oder für große Feste und
Versammlungen entstand, auf die Viersen mit berechtigtem
Stolze schauen darf.« Der Saal umfaßte damals über 1250
Sitzplätze und war damit größer als die 1903 in dem
benachbarten Mönchengladbach errichtete Kaiser-Fried-

rich-Halle, die wie die Festhalle sowohl als Konzert- und
Festsaal als auch als Theaterraum benutzt wurde. Architekt
der Festhalle war der Stadtbaurat Frielingsdorf in Viersen,
dessen Wirken einmal ausführlich untersucht werden sollte.
Bei dem Bau der Festhalle benutzte er Entwürfe, die in
einem vorausgehenden Wettbewerb ausgezeichnet worden
waren (1. Preis: Architekten Tietmann und Wolf, Düsseldorf, 2. Preis: Architekten Müller-Mylan und Möllhoff,
Düsseldorf, 3. Preis: Architekt H. Cordes, Recklinghausen,
angekauft Entwürfe von E. Brand, Trier, E. Stahl, Düsseldorf, F. Fuß und J. Schröder ebenfalls Düsseldorf). Im Mai
1912 wurde im Rohbau bereits ein Bazar zugunsten der
Halle vom Viersener Verschönerungsverein veranstaltet.
Die Städtische »Volksbüchersammlung« war wesentlich
älter als Theatergemeinde und Volkshochschule. Sie ging auf
eine Schenkung des Viersener Kommerzienrats Zahn aus
dem Jahre 1906 zurück. Sie wurde am 17. Februar mit einem
Buchbestand von rund tausend Bänden eröffnet und durch
staatliche und städtische Zuschüsse am Leben gehalten.
1926, beim 20jährigen Bestehen, hatte sich der Bücherbestand auf 5000 Bände erhöht, d. h. im Jahr kamen etwa 200
Bände hinzu oder, bei einer Einwohnerzahl von über 31 000

Ein weiteres Foto vom Viersener Bazarfest 1912. Dritter von rechts ist Bürgermeister Stern, der als Ringelreihentänzer auftrat

mußten sich theoretisch 6 Personen ein Buch teilen. Man darf freilich nicht unterschlagen, daß es noch einige kirchliche Büchereien gab und die »Volksbüchersammlung«, die sich, wie der Name schon sagt, an ein breites Publikum wenden wollte, mit geringen Mitteln leben mußte. 1926 z.B. sah der Etat nur 1000 Mark für »allgemeine Volksbildungsbestrebungen« vor. 1927 standen 1500 Mark für die Bücherei zur Verfügung. In den beiden folgenden Jahren waren es noch 1200 Mark. 1930 gab es schließlich 2000, 1931 sogar 4100 Mark. 1932 ging der Etat auf 4000 Mark zurück. Dieselbe Summe stand auch 1933 zur Verfügung. Außerdem erhielt die Bücherei gelegentlich noch kleinere staatliche Zuschüsse und Büchergeschenke. Im März des Jahres 1933 betrug der Bücherbestand 5210 Bände, hauptsächlich aus dem Bereich Belletristik. Die Leserzahl war nicht groß. Sie betrug pro Jahr durchschnittlich 440.

Als 1927 im Rahmen der Viersener Verkehrs- und Werbewoche auch eine Heimatausstellung gezeigt wurde, die in wenigen Tagen 3000 bis 4000 Personen besuchten, beschloß die Stadt, einen schon länger gehegten Plan zu verwirklichen: die Gründung eines Heimatmuseums, das provisorisch in einem Raum der evangelischen Schule an der Wilhelmstraße untergebracht wurde. Hier konnten die Besucher jeden Monat einmal an einem Sonntag Funde aus der römischen Siedlung Ninive, Stiche, Gemälde, Uhren, Webstühle u.a.m. bestaunen. Die Sammlung wurde durch Stiftungen Jahr für Jahr vermehrt. So kamen z.B. verschiedene Möbel und Fayencen hinzu. Besonders die Arbeitsgemeinschaft für Heimatkunde mühte sich, das Museum zu bereichern. 1930 konnte u.a. eine komplette Holzschuhma-

cherwerkstatt erworben werden. Da die Räumlichkeiten in der evangelischen Schule viel zu klein waren, wurde das Heimatmuseum 1932 in die Schule an der Friedensstraße (heute Hohlstraße) verlegt. Hier hatten die Besucher »eine größere Bewegungsfreiheit«, wie der Verwaltungsbericht von 1932 meint. Das wirkte sich auf die Besucherzahl aus, die von 934 im Jahr 1931 jetzt auf 2740 stieg. Eine Schenkung durch den Apotheker Plattes 1932, die einige Tonwaren aus der Helenabrunner Bauerntöpferei und Fabrikationsutensilien (Drehscheibe, Matrizen) umfaßte, war besonders beachtlich. Diese Sammlung sollte später einmal in einem eigenen Raum ausgestellt werden. Wenn man die Liste mit den Museumsstücken durchsieht, so wird man darin nichts Außergewöhnliches finden. Durchweg bestand die Stärke der Sammlung in Gegenständen des alltäglichen Lebens und des heimischen Gewerbes. Sie hätte bei Bereitstellung von Personal, Raum und finanziellen Mitteln den Grundstock für ein beachtliches Volkskundemuseum abgeben können. Daraus ist leider nichts geworden. Trotz der Opferfreudigkeit und des großen persönlichen Engagements vieler ist aus dem kulturellen Frühling in Viersen nach dem Ersten Weltkrieg kein Sommer geworden. Es fehlte vor allem in den Krisenjahren an Geld, weniger an Einsicht der Verantwortlichen. So scheiterte der Versuch, breiteste Kreise für Kultur und Kunst zu begeistern, an den widrigen Umständen. Dennoch sollte man den guten Willen der »Männer der ersten Stunde«, wobei besonders der Direktor des Gymnasiums Dr. Kapelle zu nennen ist, nicht vergessen in einer Zeit, wo es mindestens an den finanziellen Mitteln nicht mehr zu scheitern braucht.

Die Kirchen und Gemeinden

Das katholische Leben ist in der Stadt Viersen in der zweiten Hälfte des 19. Jahrhunderts stark von dem Oberpfarrer Franz Joseph Schröteler bestimmt gewesen, der von 1850 bis 1879 der Remigiuspfarre vorstand, damals die Pfarrei für fast alle katholischen Viersener. Nur ein kleiner Teil der katholischen Bevölkerung gehörte nach Helenabrunn. Als Mitstreiter standen Schröteler wegen des großen Sprengels bis zu sieben Kapläne zur Seite, unter ihnen auch der vielseitige Dr. Peter Norrenberg, der ihm in seinem »Bannbuch« ein Memento gewidmet hat. Der Pfarrer stammte aus Düren, wo er am 8. November 1803 geboren wurde, 1819 bezog er das von ehemaligen Jesuiten geleitete Dürener Gymnasium. 1824 ging er nach Köln, um dort am Seminar Theologie zu hören. Von Bonn war ihm wegen des dort lehrenden Professor Hermes, dessen Lehren als gefährlich galten, abgeraten worden. 1828 ging er doch noch nach Bonn, wo er übrigens auch am Kollegium von Georg Hermes teilnahm. 1829 wurde er in Köln zum Priester geweiht. Er kehrte darauf nach Bonn zurück, um Philologie zu studieren, und hörte u. a. bei dem bekannten Historiker B. G. Niebuhr, der nach seinen römischen Gesandtschaftsjahren in Bonn ab 1825 Alte Geschichte lehrte. Schröteler versah während dieser Zeit eine Kaplanei an der Bonner Münsterkirche. Doch mußte er die Universitätsstadt bald wieder verlassen; nach Norrenberg auf Druck von Hermes, dessen Unwillen er sich zugezogen haben soll wegen seiner Bedenken »über die Richtigkeit der Hermesianischen Glaubenstheorie ...«. 1830 wurde er als Vikar nach Langerwehe versetzt, bis er 1831 auf Veranlassung des ehemaligen Viersener Pfarrers Anton Gottfried Claessen, der von 1824 bis 1825 an Remigius gewirkt hatte, ehe er Regierungs- und Schulrat in Aachen wurde, eine Stelle als Kaplan und Rektor der Höheren Schule in Viersen erhielt. Hier trat er bald als gescheiter und gebildeter Prediger in Erscheinung. Seine Predigten über die Apostelgeschichte hat er ein Jahr vor seinem Tode noch drucken lassen. Außerdem liegen eine Rede zum fünfundzwanzigsten Pfarrerjubiläum von Dechant Halm in Mönchengladbach und eine Gedächtnisansprache auf Papst Leo IX. vor. 1845 wurde Schröteler zum Pfarrer des heute zu Bonn gehörenden Kessenich ernannt. Er blieb nicht lange, denn zwei Jahre darauf folgte er einem Ruf als Direktor der Ritterakademie in Bedburg im Kreis Neuß, eine mit besonderen Vorrechten ausgestattete Adelsschule. Er scheint sich dort nicht sehr wohl gefühlt zu haben, da er seinen Bischof bat, wieder in die Seelsorge gehen zu dürfen. 1850 wurde ihm dieser Wunsch erfüllt. Er kehrte nach Viersen zurück und übernahm die Pfarre St. Remigius. Auf seine Initiative hin wurde die bereits seit 1836 bestehende Handwerkerschule wiederbelebt. Sie nahm am Schultheißenhof in Marktnähe ihre Tätigkeit auf. Hier wurden junge Handwerker, die meist eine unzureichende Schulbildung hatten, dreimal wöchentlich in Deutsch, technischem Zeichnen, Buchführung, Korrespondenz und Geo-

Durch die hohen Mauern, mit denen die Gärten links und rechts der Hauptstraße umgeben waren, entstand ein Gewirr von Gassen. Hier ein Blick auf die evangelische Kirche

metrie unterrichtet. Die Schule war stark frequentiert. Jährlich zahlte der Fabrikant Diergardt das Schulgeld für 12 katholische und 12 evangelische junge Männer. 1853 wurde Schröteler Kreisschulinspektor des Kreises Gladbach. Kein leichtes Amt in einer von der beginnenden Industrialisierung geprägten Region mit erheblicher Kinderarbeit, die so groß war, weil viele Eltern ihre Kinder aus Not in die Fabrik schicken mußten. An einen geregelten Schulbesuch war bei diesen Kindern kaum zu denken. Besonders verdient machte sich Schröteler mit der Restaurierung der Remigiuskirche, die der Kölner Dombaumeister Vincenz Statz, der ebenfalls das Gladbacher Münster restauriert hat, vornahm. Statz schrieb 1867 über seine Restaurierungsmaßnahmen: »Die schöne Thurmhalle, welche bis dahin verschlossen gewesen und in einem höchst verwahrlosten Zustande sich befunden hatte, wurde erneuert. Die trennende Wand ward fortgeräumt und an ihrer Stelle ein stilgerechter Tragbalken eingelassen, das bisher vermauerte Thurmfenster wurde geöffnet und mit Maßwerk versehen, die Wände und schön gemusterten Blendfenster wurden sorgfältig wiederherge-

**Franziscus Josephus Schröteler,
Oberpfarrer in Viersen.**

stellt ... Endlich wurden die Thüren mit soliden Basalt-Treppen und recht geschmackvollen Windfängen versehen, und die Dächer und der zierliche Dachreiter auf dem Chor wiederhergestellt. In demselben Jahre, 1864 im Sommer, als die Fabriken einen neuen Aufschwung nahmen, wurde der Entschluß gefaßt, nun auch das Äußere der Kirche in einer würdigen Weise zu erneuern, da die Zerstörung der Witterung und die unglücklichen Veränderungen der letzten Jahrhunderte, wo das Verständniß für den gothischen Stil gänzlich geschwunden war, die ursprüngliche Schönheit der St. Remigiuskirche nur noch ahnen ließen. Im Frühjahr 1865 konnte mit der Südseite der Anfang gemacht werden. Die alten Formen wurden strenge innegehalten, denn dieser älteste Theil der Kirche war nicht verändert worden, sondern nur entstellt durch das angebaute Thürhäuschen, wohl aber wegen seiner Lage nach der Wetterseite am ärgsten von Wind und Wetter beschädigt ... Die sorgfältige Ausführung befriedigte allgemein, so daß man aus dem schönen Resultate

neuen Muth und neue Lust zur Fortführung der Arbeiten schöpfte ... Im Jahre 1866 wurde die Nordseite, vom Thurme angefangen, in Angriff genommen und das ganze Seitenschiff bis zur Sakristei fertig gestellt. Das Gurtgesims wurde tiefer gelegt: einmal um mit dem des Thurmes und der Sakristei in Übereinstimmung zu kommen, sodann auch, damit die Fenster dieses Seitenschiffes die schöne Gestalt der des nördlichen gewännen. Denn eine spätere Restauration hatte sie verkürzt und durch einen gedrückten Bogen verunstaltet. Gemäß der späteren Bauzeit dieses Theiles der Kirche wurden die Strebepfeiler mit anderen Abdachungen und mit Kreuzblumen versehen und ebenso in dem Maaßwerke der Fenster diesem Umtausch Rechnung getragen. Gegen Ende 1866 trat an Stelle der bisher ganz ungenügenden Beleuchtung das helle Gaslicht. Die Restauration der Kirche gelangte nunmehr zu der schwierigsten Stelle ... Mit nicht geringen Schwierigkeiten wurde nun das Dach des Seitenschiffes gemäß der Form des großen Chordaches verändert. Die große Wand, welche den ersten Thorpfeiler verdeckte und ein so schwerfälliges Ansehen bot, fiel nun fort. Das hohe Chor erhebt sich jetzt frei und mächtig über das Seitenschiff. Die bedeutendste Verschönerung gewährt aber die Veränderung des Sakristeidaches. Ganz in der Weise, wie es der erste Erbauer gewollt, endigt dasselbe jetzt am Decksimse des Seitenschiffes ...« Wir haben diesen umfangreichen Bericht nur wenig gekürzt, weil er deutlich macht, daß Vincenz Statz in seinem Bestreben, den alten Zustand der Kirche wiederherzustellen, nicht vor weitreichenden Eingriffen in die Bausubstanz zurückschreckte. Er glaubte zu wissen, »wie es der erste Erbauer gewollt« habe und beseitigte die barocken Umbauten. Auch das Innere der Kirche wurde verändert. Der »Decorationsmaler Mook« malte sie aus. Einen neuen Hochaltar – der barocke wurde abgerissen –, Seitenältare und eine Kommunionbank lieferte die Werkstatt der Gebrüder Kramer in Kempen, und 18 neue Glasfenster wurden 1865 bei Georg Kramer in Nürnberg in Auftrag gegeben. Beim Einbau hat man leider die Reste der alten Verglasung, auf denen die Namen der Stifter standen, zerstört. Von den späteren Restaurierungen sei hier noch die Erneuerung des Westturms durch J. Kleesattel 1895 erwähnt. Doch zurück zu Schröteler. Seine besondere Sorge galt der Lösung der vielen sozialen Probleme in der jungen Industriestadt. Er versuchte durch zahlreiche karitative Maßnahmen zu helfen. So initiierte er den Bau des Waisenhauses, das 1871 fertig wurde, so unterstützte er die seit 1829 bestehende Industrieschule für Mädchen, die der Frauenverein betreute. Schröteler war auch ein eifriger Schriftsteller und Übersetzer aus dem Französischen. 1860 erschien seine kenntnisreiche »Geschichte der Stadt und Herrlichkeit Viersen«, die heute noch lesenswert ist und auch bei unserem Überblick herangezogen wurde. Schwer traf ihn die Zeit des Kulturkampfes. Machtlos sah er mit an, wie die »Schwestern der christlichen Liebe«, die in Viersen als Lehrerinnen an den Volksschulen tätig waren, 1873 die Stadt verlassen mußten. Zwei Jahre darauf wurden die Benediktinerinnen, die sich wenig zuvor, 1873, in Viersen niedergelassen hatten,

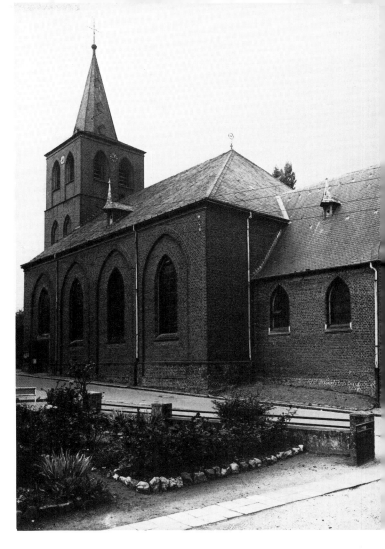

Die Kirche St. Helena in Helenabrunn an der Heimerstraße. Sie stammt aus dem Jahre 1843 und ist später erweitert worden

vertrieben. 1877 gingen die Neußer Augustinerinnen, die das Waisenhaus betreut hatten. 1876 wurde die katholische Rektoratsschule geschlossen. Er selbst verlor seinen Posten als Kreisschulinspektor. »Mitten im Sturm hielt er den Kopf oben«, so urteilt Norrenberg, »und ohne auf Aufreizungen noch auf Verlockungen zu hören, that er das, was ihm zum Wohle der katholischen Gemeinde nothwendig schien.« Am 21. Mai 1878 ist er gestorben. Der Viersener Bürgermeister Dr. Kirsch hatte noch zu Schrötelers Lebzeiten den Pastor als »treuen, würdigen Priester«, als »beredten, sorgsamen, eifrigen Seelenhirten« und begeisterten Jünger der Wissenschaft charakterisiert. Die Jugend habe in ihm »einen herzlichen, liebevollen Lehrer und Freund, die Lehrer einen erfahrenen, wohlmeinenden, väterlichen Rathgeber, die Gemeinde und der Staat einen zuverlässigen Mann, einen treuen, trefflichen Bürger« gehabt. Die Treue zum preußischen Staat ist freilich während des Kulturkampfes stark belastet worden. Norrenberg meinte dennoch später, »seine Treue gegen König und Vaterland« sei »über jeden Zweifel erhaben« gewesen. Er habe sich der »Staatsraison« gebeugt. Kurz vor seinem Tode hatte Franz Josef Schröteler 6000 Mark erhalten, die zur Errichtung einer neuen Kirche im südlichen Viersener Stadtteil Rintgen verwendet werden sollten. Schon lange bestand dort der Wunsch nach einem eigenen Gotteshaus, da die Wege bis zum Dorf weit waren. Auch die Geistlichkeit der Remigiuspfarre hielt eine Teilung des ausgedehnten Sprengels für notwendig. Doch die erwähnten Spannungen zwischen Staat und katholischer Kirche während der Bismarckzeit ließen konkrete Pläne für die Errichtung einer neuen Pfarrei nicht reifen, zumal nach dem Tode von Franz Josef Schröteler die Remigiusgemeinde viele Jahre ohne Pfarrer blieb. Es hatte sich zwar 1882 ein Bauverein für die neue Kirche konstituiert, der in kurzer Zeit erhebliche Spendengelder eingenommen hatte, sogar ein Grundstück war in Aussicht gestellt worden, aber bis man den ersten Spatenstich tun durfte, dauerte es noch vier Jahre. Erst unter dem 1886 ernannten neuen Pfarrer an St. Remigius, Ludwig Stroux, beschloß der Kirchenvorstand, den Neubau zu wagen. Die Kosten sollten sich auf 250 000 Mark belaufen. 36 000 Mark waren bereits durch Spenden zusammengekommen. Über 21 000 Mark davon gingen aber schon beim Erwerb des Grundstücks weg. 9000 Mark sollte der Architekt Joseph Kleesattel aus Düsseldorf, der mit dem Bau vom Kirchenvorstand beauftragt worden war, als Honorar erhalten. Die Bausumme war schon ein erheblicher Brocken, wenn auch zahlreiche Spenden, auch für die Inneneinrichtung eingingen. Ab 1890 kam auch noch die Belastung für den Neubau der Kirche St. Peter im Bockert hinzu, die ebenfalls von Kleesattel entworfen worden war.

Ein Blick auf die Remigiuskirche, deren vertraute Umgebung im Zweiten Weltkrieg weitgehend zerstört worden ist

Die bekannten und legendenumworbenen Viersener Gerichtssteine am Aufgang zur Remigiuskirche. Die Aufnahme stammt aus den dreißiger Jahren

Im Vertrauen auf die Freigebigkeit der Gläubigen scheute man die Schulden nicht. Sicher kam auch noch ein gehöriges Maß Gottvertrauen hinzu. 1891 waren die beiden Kirchen fertig. Die Josefskirche wurde am 17. und die Petruskirche am 19. November von dem Kölner Erzbischof Krementz eingeweiht. Die Stadt Viersen ließ es sich nicht nehmen, den Besuch des Bischofs festlich zu begehen und bei dem Fest auch die evangelischen Mitbürger zu beteiligen. »Am 17. November«, so überliefert der Verwaltungsbericht, »fand Nachmittags ein Festessen statt, unter Anwesenheit des Herrn Landrath Schmitz aus Mönchengladbach ..., sowie des Herrn Schulrathes Kentenich und der Spitzen der westlichen und geistlichen Behörden; der evangelische Pfarrer Jüngst und die benachbarten Geistlichen nahmen als Ehrengäste an demselben Theil; das hier bestehende schöne, friedliche Verhältniß der Confessionen untereinander hob das Fest über den Rahmen des kirchlichen Charakters hinaus ...« Auch der Erzbischof habe am 19. November in einer großen Festversammlung »seiner Befriedigung lebhaft Ausdruck verlieh(en) über den hier herrschenden duldsamen Sinn, der eine freudige Betheiligung der gesammten Bürgerschaft und eine eifrige Mitwirkung Aller bei der Ausgestaltung des Festes als eines wahren und echten Bürgerfestes« ermöglicht habe. Diese Worte des Erzbischofs, die etwas für uns heute Selbstverständliches betonen, versteht man besser, wenn man bedenkt, daß damals ja gerade der Kulturkampf mit seinen von der Intoleranz geprägten Begleitumständen überwunden war.

Mit den Bauten, es sei noch einmal wiederholt, hatten sich die Katholiken Viersens viel zugemutet. Im Jahre 1900 betrug die jährliche Summe, die die jetzt bestehenden drei Gemeinden (St. Remigius, St. Josef und St. Peter) an Zinsen und Amortisation aufzubringen hatten, 37 000 Mark.

Nach Vollendung der Kirchen glaubte man, »eine besondere Zierde« für die Stadt gewonnen zu haben. Bei der Josefskirche habe es Kleesattel verstanden, so meinte der Verwaltungsbericht von 1891/92, »in geistreicher Weise ... allen Anforderungen der Schönheit gerecht zu werden, alles Eintönige und Ermüdende beim Bau zu vermeiden, und auf geniale Art alle Einzelheiten aus dem Ganzen herauswachsen zu lassen, so daß der Volksmund mit Recht die neue Kirche als den ›neuen Dom‹ bezeichne«. Ein Menschenalter später rang sich der Viersener Stadtbaurat Frielingsdorf gerade noch die Worte ab, die Josefskirche trete »wirkungsvoll im Stadtbild hervor«. Als C. W. Clasen im Band Viersen der Denkmäler des Rheinlandes 1964 auf »die beachtenswerte neugotische Ausstattung« hinwies, waren nicht wenige erstaunt. Heute steht es wohl außer Frage, daß auch die neugotische Kunstepoche ihren Wert hat und origineller war, als es zunächst schien. Von der Inneneinrichtung der Josefskirche sei der heute zwar ein wenig verstümmelte aber noch weitgehend erhaltene Hochaltar mit dem Bild der Heiligen Familie von Heinrich Lauenstein erwähnt, der der Beachtung wert ist. Als Heinrich Lauenstein 1910 starb, schrieb die Zeitschrift »Die christliche Kunst« über ihn: »Lauenstein war in erster Linie christlicher, insbesondere auch kirchlicher Maler und gehörte, unter ihnen hervorragend, zu den Düsseldorfer Nazarenern, die sich an die großen Gründer der Schule, zunächst Philipp Veit und Friedrich Overbeck, anschlossen, ohne ihnen bis ins einzelne zu folgen oder sie zu imitieren; vielmehr gaben sie Düsseldorfer und persönlichen Neigungen Raum, vor allem wahrten sie das Recht der Farbenkraft, auf die Veit und Overbeck, sei es aus Absicht, oder, wie es bei Veit der Fall sein dürfte, mit dem zunehmenden Alter immer weniger Wert legten.« Lauenstein habe für das Gotteshaus gemalt und Andachtsbilder und »frommen Schmuck für das christliche Wohnhaus, naturgemäß besonders für das Schlafzimmer« geschaffen. Außerdem habe er einen hohen Ruf als Porträtmaler gehabt und »seine Zugehörigkeit zu Düsseldorf durch seine Landschaften« bekundet. Dort war er 1859 in die Akademie eingetreten. Er stammte aus Hudessum bei Hildesheim, wo er 1835 geboren worden war. Seine Lehrer in Düsseldorf waren Bendemann und Deger gewesen. Schon 1864 begann er selbst als Lehrer an der Akademie. 1881

St. Peter im Stadtteil Bockert. Die Kirche wurde nach dem Plan des Architekten J. Kleesattel 1889–1892 errichtet, seit 1895 ist sie Pfarrkirche

Der inzwischen in der Fußgängerzone am Ende der Hauptstraße wieder aufgestellte Remigiusbrunnen stand früher unmittelbar an der Remigiuskirche

Die Kreuzigungsdarstellung am südlichen Seitenschiff der Remigiuskirche stammt von L. Piedboeuf. Der Rahmen wurde von J. Kleesattel zu Ende des 19. Jahrhunderts entworfen

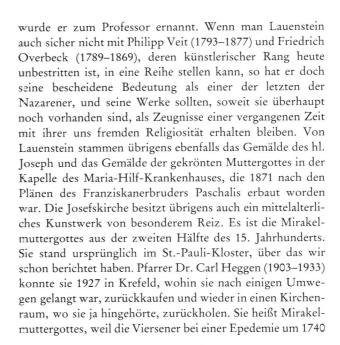

wurde er zum Professor ernannt. Wenn man Lauenstein auch sicher nicht mit Philipp Veit (1793–1877) und Friedrich Overbeck (1789–1869), deren künstlerischer Rang heute unbestritten ist, in eine Reihe stellen kann, so hat er doch seine bescheidene Bedeutung als einer der letzten der Nazarener, und seine Werke sollten, soweit sie überhaupt noch vorhanden sind, als Zeugnisse einer vergangenen Zeit mit ihrer uns fremden Religiosität erhalten bleiben. Von Lauenstein stammen übrigens ebenfalls das Gemälde des hl. Joseph und das Gemälde der gekrönten Muttergottes in der Kapelle des Maria-Hilf-Krankenhauses, die 1871 nach den Plänen des Franziskanerbruders Paschalis erbaut worden war. Die Josefskirche besitzt übrigens auch ein mittelalterliches Kunstwerk von besonderem Reiz. Es ist die Mirakelmuttergottes aus der zweiten Hälfte des 15. Jahrhunderts. Sie stand ursprünglich im St.-Pauli-Kloster, über das wir schon berichtet haben. Pfarrer Dr. Carl Heggen (1903–1933) konnte sie 1927 in Krefeld, wohin sie nach einigen Umwegen gelangt war, zurückkaufen und wieder in einen Kirchenraum, wo sie ja hingehörte, zurückholen. Sie heißt Mirakelmuttergottes, weil die Viersener bei einer Epedemie um 1740

Erinnerungsbild an den Brand der Josefskirche im Jahre 1922

Der Hochaltar in der Josefskirche mit dem Altarbild von H. Lauenstein

Die Viersener Mirakelmadonna, die heute in der Josefskirche steht

76

Die inzwischen abgebaute Kanzel in der Josefskirche ist ein Werk des Erkelenzer Künstlers H. Laumen aus der Zeit um 1900

Das Innere der evangelischen Kirche an der Hauptstraße nach der Renovierung im Jahre 1929

vor der Muttergottesstatue um Fürsprache flehten, die erhört worden sein soll. 1922 überstand sie, wie auch die übrige Inneneinrichtung der Kirche, einen schweren Brand, bei dem das Dach des Hauptschiffes, der Dachreiter und die Seitendächer des Querschiffes völlig zerstört oder schwer beschädigt wurden. Durch eine unerwartete Opferfreudigkeit – der evangelische Fabrikant Pongs übergab sofort eine Spende von 5000 Mark – und staatliche Unterstützung konnten die Beschädigungen in kurzer Frist behoben werden. Aus der Pfarrchronik des späteren Pfarrers an St. Josef P. Dickmann erfahren wir, daß »die Feuerwehr ... wegen mangelnden Wasserdruckes dem Brande nicht zu Leibe rücken [konnte]«. Erst als die Gladbacher Feuerwehr mit ihrer Motorspritze eingegriffen hätte, sei es »nach hartnäckigem Kampfe« gelungen, »des Feuers Herr zu werden«. Der Erbauer von Viersens »neuem Dom« und der Petruskirche in Bockert war ein im ganzen Rheinland hoch geschätzter Kirchenarchitekt. Er wurde 1852 in Köln geboren, studierte an den Technischen Hochschulen Wien und Stuttgart und war Assistent an der TH Berlin-Charlottenburg, ehe er 1883 als Lehrer an die Kunstgewerbeschule Düsseldorf wechselte, wo er bis 1902 blieb. Dann ließ er sich als freier Architekt in Düsseldorf nieder. Er baute Kirchen in Düsseldorf, Krefeld,

Die silberne Taufschale aus der evangelischen Kirche wurde im Jahre 1879 der Gemeinde geschenkt

Koblenz, Willich, Mönchengladbach, Rheydt, Vohwinkel und Synagogen in Mülheim an der Ruhr und Düsseldorf, außerdem Privathäuser, Hotels und Fabriken. 1926 ist er in Düsseldorf gestorben. Abschließend sei noch mehr der Kuriosität wegen nachgetragen, daß »zum Besten der beiden katholischen Neukirchen« der Gymnasiallehrer Dr. theol. et phil. v. d. Hart, der aus Viersen stammte, eine eigene Schrift mit dem Titel »Virsen (!) in Wort und Bild« herausgebracht hatte und dabei auch ein Gedicht auf seine Vaterstadt, die er »klimatisch, industriell und örtlich (für) ein kleines Eldorado« hielt. Er dichtete:

»In unserm Virs [= Viersen], da liegt das Land der Wonne,
Ein ird'sches Paradies;
Da ist im Glanz der zehnfach mild'ren Sonne
Das Leben zehnfach süß.

Hier pranget Obst in dichten Laubgehegen,
Der Ähre glänzend Gold;
Und Industrie, wohin man schaut, voll Segen
Und Eintracht wunderhold.

Herbei, herbei, daß Wangen Sorgen bleichen,
In dieses schöne Land!
Wir bieten ihm zum Bleiben Raum und reichen
Ihm brüderlich die Hand.

In unserem Virs noch prangt das Land der Wonne,
Ein ird'sches Paradies;
O wär beim Glanz der zehnfach mild'ren Sonne
Das Leben jedem süß!«

Bemerkenswert ist das Lob der Industrie in diesem naiven Gedicht, denn v. d. Hart beklagte an anderer Stelle: »Die Einführung der mechanischen Webereien in Viersen seit 1885 hat die Handstühle entvölkert, die jedoch nie ihren Wert einbüßen, weil die Handarbeit die mechanische übertrifft und wieder mehr inbetrieb kommt, wenn die hiesigen Arbeiten zur Fabrikation von Galanterie-, Tapisseriewaaren und Garnituren gelangen.« Damit sollte er nicht recht behalten, wie wir an anderer Stelle gezeigt haben. Auch seine anderen Vorschläge, Benutzung der Bruchweiden zur Viehzucht, Korbweidenverarbeitung, Torfstich u. a. gingen an der Wirklichkeit vorbei. Aber das kuriose Schriftchen voller historischer Irrtümer wurde gekauft. Bis zum 12. Juni 1890 wurden allein 670 Exemplare subskribiert, wahrscheinlich wegen des guten Zwecks. Wenige Tage darauf waren es schon fast 2000 Stück. Der Autor schloß seine Publikation mit der Devise: »Kirchenbau armet nicht«.

Blick auf die evangelische Kirche, die 1878/79 nach den Plänen des Architekten A. Hartel errichtet worden ist

Die Josefskirche erhielt 1901 ihr Geläut. Hier werden die Glocken über die Große Bruchstraße gefahren

Die Pferde der Speditionsfirma Gold haben die Glocken auf den Kirchplatz gebracht

Die Maria-Hilf-Kapelle (in der Mitte des Bildes) ist ein Werk des Franziskanerbruders Paschalis aus dem Jahre 1871

Kurz sei noch auf das Entstehen der Notburgapfarre im Rahser eingegangen. Erste Pläne aus dem Jahre 1909 gehen auf den Oberpfarrer Stroux zurück, die sich aber nicht verwirklichen ließen. Immerhin entstand im Notburgahaus, das auf eine Stiftung der Geschwister Nauen zurückging, 1923 für das neue Rektorat eine Notkirche. Der Pfarr-Rektor Fr. Lambertz mühte sich unterdessen um den Neubau einer Kirche, zu der 1928 der Grundstein gelegt wurde (Architekt Dr. Sültenfuß, Düsseldorf).

Anfang des 18. Jahrhunderts erwarb die evangelische Gemeinde, die etwa 150 Mitglieder zählte, das Keuters- oder Swaanen-Erbe, um dort eine kleine Kirche mit angebauter Pfarrwohnung zu errichten, die 1718 fertig wurde. Dort steht auch die heutige Kirche, die 1879 eingeweiht worden ist. Die Gemeinde war im 19. Jahrhundert von 300 auf über 1800 im Jahr der Errichtung des Neubaus gewachsen. Seit 1868 hatten die Gemeindeglieder dafür gesammelt. Das größte Geschenk macht F. v. Diergardt, der 15000 Taler gab, das war mehr als ein Viertel der später entstandenen Gesamtkosten. Architekt war der Baumeister August Hartel aus Krefeld, der als Straßburger Dombaumeister starb. Von den Gesamtkosten von 210000 Mark – ohne Orgel – hatte die Gemeinde freiwillig über 100000 Mark gespendet. Auch

zu der Errichtung des Gemeindehauses an der Königsallee 1890 hatten die evangelischen Christen in vorbildlicher Weise beigetragen. Das 1914 geschaffene evangelische Altersheim an der Gladbacher Straße ging auf eine Stiftung der 1921 gestorbenen Adele Greef zurück, »deren Gedächtnis in unserer Gemeinde um ihrer vielen Stiftungen und Wohltaten willen niemals aussterben darf«, wie der spätere Pfarrer Emil Totzeck meinte. Sie schenkte der Gemeinde auch das Geld für einen Konfirmandensaal, der aber nicht mehr ausgeführt wurde, so daß die Spende in der Inflation unterging. Emil Totzeck hat übrigens anschaulich über die Viersener Verhältnisse im Kirchenkampf während der Hitlerzeit geschrieben, in der er sich trotz vieler Pressionen mutig behauptet hat. 1935 wurde er beschuldigt, die SA verächtlich gemacht zu haben und »durch Bekanntgabe der Namen der aus der Kirche ausgetretenen Parteigenossen von der Kanzel den Bestrebungen der NSDAP zuwidergehandelt zu haben«. Ein Gerichtsverfahren ging zu seinen Gunsten aus. Als er bald darauf über die Zerstörung Jerusalems predigte und sich bemühte, »die Judenfrage nicht unter dem Gesichtspunkt von Blut und Rasse zu sehen, sondern sie vom neuen Testament aus verstehen zu lernen«, brachte die Rheinische Landeszeitung – Volksparole in ihrer

St. Remigius-Kirche   St. Remigius-Haus   St. Josef-Kirche

Die Remigiuskirche, die Josefskirche im Rintgen und das Remigiushaus, daneben die Maria-Hilf-Kapelle an der Lindenstraße

Das katholische Gesellenhaus an der Geschwister-Scholl-Straße (die Straße hieß ursprünglich Grüner Weg, dann Kolpingstraße). Hier auf einem Foto aus dem Jahre 1905

Das Pendant zur oberen Karte. Die evangelischen Gebäude in der Stadt: alte Kirche, neue Kirche und Vereinshaus

alte Kirche

evang. Vereinshaus

Gruss aus Viersen

neue Kirche

Verlag R. Hahn, Viersen

Das Hagelkreuz am Neumarkt. Es stand früher mitten auf dem Platz (siehe S. 19). Der neogotische Teil stammt von V. Statz, Köln

Das Hochkreuz auf dem Friedhof Helenabrunn aus der Mitte des 19. Jahrhunderts (Missionskreuz 1857/1864)

Das Hochkreuz auf dem Friedhof der Gemeinde St. Peter auf dem Bockert

Hochkreuz aus dem 19. Jahrhundert an der Ecke Alte Bruchstraße/Krefelder Straße

Viersener Ausgabe eine entrüstete Entgegnung mit der bezeichnenden Überschrift: »Die Judenfrage – nationalsozialistisch gesehen.« Die NSDAP fühlte sich wieder einmal verächtlich gemacht, »das Volksempfinden« war »auf das tiefste beleidigt«, weil E. Totzeck es gewagt hatte, auf die berühmten jüdischen Künstler Deutschlands hinzuweisen. Man empfang es als Hohn, daß der Pfarrer von der Begabung der Juden gesprochen hatte. Der Jude war für die Zeitung »ein Schädling im deutschen Volkskörper, ein Rassenschänder, ein internationaler Gauner, der sich jahrzehntelang vom Blut des deutschen Volkes ernährte«. Hier kündigte sich an, was bald darauf einsetzen sollte: die Vertreibung und Ermordung der Juden. Trotz dieser Angriffe ließ der Pfarrer sich nicht einschüchtern und erinnerte immer wieder indirekt an Hitlers Ausspruch: »Der nationalsozialistische Staat bekennt sich zum positiven Christentum.« Hier wollen wir kurz auf die jüdische Gemeinde eingehen. Die jüdische Bevölkerung Viersens war zu Anfang des 19. Jahrhunderts nur klein. 1812 gab es lediglich 22 Juden. Doch besaßen sie spätestens 1817 schon ein eigenes Bethaus in dem Haus des Vorstehers der Gemeinde Jonas Leffmann auf der Hauptstraße (heute Nr. 79). Später diente ein anderes Haus auf der Hauptstraße als Synagogenraum, bis die jüdische Gemeinde 1862 das Haus Rektoratstraße 10 für ihre Zwecke erwarb. Seit 1905 unterhielten die Juden auch eine eigene öffentliche Schule. 1927 umfaßte die Gemeinde schließlich 200 Mitglieder, davon 18 Schulkinder. Schon wenige Monate nach der sogenannten Machtübernahme durch die Nationalsozialisten begann die Drangsalierung der Juden, die, soweit sie es vermochten, Deutschland verließen. 1939 zählte die Gemeinde lediglich noch 48 Mitglieder. Von den ehemaligen Viersener Juden sind 56 in den Konzentrationslagern getötet worden.

Das Grabkreuz für Peter Hommels († 1717) auf dem alten Friedhof hinter der Remigiuskirche

Das Portenkreuz am Pittenberg (1730), hier noch frei stehend

Ein heute längst verschwundener Bildstock auf der Heierstraße. Christliche Gedenkstätten waren früher noch häufiger in Viersen anzutreffen.

Dechant Ludwig Stroux, Pfarrer an St. Remigius, umgeben von seiner Familie bei seinem diamantenen Priesterjubiläum (1916)

Hochzeit Liesel Stroux mit Dr. Georg Schmidt (1932). Das Foto ist im Garten der Kaisermühle gemacht

Jubel-Gaufest des Gladbacher Turngaus in Viersen 1894 mit der Viersener Turnriege (v. l. n. r.: Anton Hamm, Artur Lücker, Heinrich Leven, Kuni Hohnen, Theodor Schürgers)

Sport und Erholung

Der Sport hat in Viersen eine lange Tradition. Schon 1848 fanden sich vaterländisch gesinnte Männer im Viersener Turnverein, der sich den Ideen F. L. Jahns angeschlossen hatte, zusammen. Die vaterländische Gesinnung der Turner war der Staatsmacht ein Dorn im Auge. So löste sich der Verein 1851 wieder auf. 1858 machte man einen neuen erfolgreichen Anfang. Viersens Turnverein blieb über viele Jahrzehnte ohne jede Konkurrenz bestehen. 1928 konnte der Verein sogar eine eigene Turnhalle eröffnen, die für 150 000 Mark an der Gereonstraße entstanden war (Architekt Katerndahl, Viersen). Die anderen Viersener Sportvereine sind alle beträchtlich jünger. Da gab es den Verein der Turn- und Sportfreunde von 1901, den Verein für Turn- und Rasensport von 1904 und die Concordia. Sie gehörten alle der katholischen Deutschen Jugendkraft an und waren nach Pfarren abgegrenzt. Natürlich hatte Viersen auch Vereine, die im Arbeiter- Turn- und Sportbund zusammengeschlossen waren und den Sozialdemokraten nahestanden, was

schon aus den Namen, wie etwa freier Turnverein »Vorwärts« oder Arbeiterfußballclub »Vorwärts«, deutlich wird. Schließlich müssen noch die nichtgebundenen Vereine erwähnt werden, etwa der Fußballclub Germania, der Fußballverein Helenabrunn, der Schwimmverein von 1906 und der Club »Grün-weiß«, der um 1930 mit seinen 600 Mitgliedern als »der stärkste Leibesübung treibende Verein der Stadt« bezeichnet wurde. Es besaß seinen eigenen Sportplatz am Baggerfeld. Nicht zu vergessen ist der Tennisclub, dessen Mitglieder um 1930 »hauptsächlich den oberen Gesellschaftsschichten« angehörten, die Radvereine »Blitz« und »Tempo« sowie die Turnvereine »Einigkeit«, Helenabrunn, Rahser und Bockert. Vor dem Zweiten Weltkrieg bestanden in Viersen über 20 Sportvereine, eine beachtliche Zahl.

Eng mit dem Viersener Vereinsleben war die Freiwillige Feuerwehr verbunden, die 1867 als Turnfeuerwehr von dem Turnverein 1848 gegründet wurde. Bis dahin gab es eine allgemeine Feuerwehrpflicht. Alle männlichen Einwohner waren in verschiedenen Brandkompagnien zusammenge-

Die erste Kompagnie (Stadtmitte) der Freiwilligen Feuerwehr 1898. Das Foto ist eine Montage

Feuerwehrübung auf dem Feuerwehrgelände am Hoserkirchweg im Jahre 1923. Im Hintergrund der Feuerwehrturm

Die freiwillige Feuerwehr im Jahre 1927, malerisch gruppiert vor einem Löschfahrzeug

schlossen. Jeder hatte sich bei Brandwarnung am Spritzenhäuschen einzufinden. Jetzt gab es statt dessen die Turnfeuerwehr, der zu Beginn 115 Bürger angehörten. Die Mitgliedschaft muß begehrt gewesen sein. Denn 1869 umfaßte die Feuerwehr schon 150 Personen, die laut Beschluß von 1875 nur bei einhelliger Zustimmung einen neuen Wehrmann in ihre Reihen aufnahmen. 1876 kam man auf die Idee, auch passive Mitglieder, deren Mitgliedsbeiträge gut zu brauchen waren, zuzulassen. Zwei Jahre darauf löste sich die Turnfeuerwehr vom Turnverein, mit dem man bis dahin eine gemeinsame Kasse gehabt hatte. Übrigens hatte die Feuerwehr auch zu Ende des 19. Jahrhunderts eine kleine Blaskapelle, der 1888 zehn Hornisten angehörten. Dienst in der Feuerwehr war hochangesehen. Über Nachwuchssorgen ist nichts berichtet. Vor Ausbruch des zweiten Weltkrieges umfaßte die Freiwillige Feuerwehr vier Löschzüge mit 154 Mann (ohne Altersabteilung). An Geräten waren eine »Kraftfahrspritze«, eine Kraftfahrspritze ohne Fahrmotor, Handspritzen, Leitern u.a.m. vorhanden.

Das bevorzugte Naherholungsgebiet war schon damals der Hohe Busch, an dessen Rand man noch heute einen schönen Blick über die Stadt hat. »Wenn die Sonne das Häusermeer mit ihren Strahlen belebt«, so schrieb 1910 ein Führer durch Viersen, »bietet sich hier ein Bild von überwältigender Schönheit.« Da ist von den Fabrikschloten die Rede, die vom Fleiß der Bewohner zeugen, von »dem stolzen Turm der St. Remigiuskirche« und dem »imposanten Bau der St.

Josefskirche«. Einige Fabrikgelände werden gesondert erwähnt, »der mächtige Schlot der Aktien-Spinnerei« und die Schokoladenfabrik von Kaiser. Als besondere Zierde des Hohen Busches galt der Bismarckturm, der nach Plänen des Dresdner und späteren Düsseldorfer Architekten Wilhelm Kreis entstanden war. 1899 wurde die Bürgerschaft aufgerufen, für ein Ehrenmal zu spenden. 19000 Mark kamen zusammen. 1901 konnte der Grundstein gelegt werden, und 1901 wurde der Bismarckturm feierlich der Öffentlichkeit übergeben. Die Säule ist 18,20 m hoch und von oben bietet sich eine herrliche Sicht. In dem schon erwähnten Reiseführer wird erwähnt, daß man den Turm für 10 Pfennig besteigen durfte. »Die Säule ist«, so lesen wir dort, »inmitten des Waldrauschens ein gewaltiges, auf Jahrhunderte wirkendes Denkmal, welches das jetzige Geschlecht in dankbarer Verehrung dem Mann errichtet hat, ›der des deutschen Reiches Baumeister war und dem deutschen Namen bis in die entlegensten Teile des Erdballs wieder Achtung und Geltung verschafft.« Ein nationaler Überschwang, wie er uns heute fremd ist. Der Hohe Busch ist, das soll nicht verschwiegen werden, vom Viersener Verschönerungsverein mit viel Mühe und Fleiß zu dem gemacht worden, was er heute ist. Gelände wurde erworben, die Baumbestände wurden gepflegt, und »dem Raubbau und der Verarmung des von Natur unfruchtbaren Sandbodens durch Laub- und Streusammlung seitens der Anwohner wurde ... Einhalt getan ...«.

Ein Gruß vom Hohen Busch, der neben einer Stadtansicht auch das Kapellchen und das Kriegerdenkmal auf Süchtelner Gebiet zeigt (1896)

Die Niers in den dreißiger Jahren, nachdem der Niersverband, der seit 1928 in Viersen seinen Sitz hat, mit der Melioration begonnen hatte

Viersen. Viersener Bruch, Nierspartie

Die sogenannte Westhütte auf dem Hohen Busch im Jahre 1910

Durch die Bildunterschrift »Viersen, Süchtelner Höhen« wird deutlich, daß dieses Waldgebiet auf dem Territorium von beiden Städten lag

Viersen. Süchtelner Höhen

Um darauf aufmerksam zu machen, daß eine Gegend besonders schön sei, fügte man im 19. Jahrhundert gerne »Schweiz« hinzu

Die herbe Schönheit der Nierslandschaft ist auch nach der Melioration teilweise erhalten geblieben

Das Gartenrestaurant an der Kaisermühle war als nahes Ausflugsziel bei jung und alt sehr beliebt.

Blick auf den Weiher im Garten der Kaisermühle

Hier wird sichtbar, wie groß das Gartenrestaurant der Kaisermühle einst gewesen ist

Wie so vieles in Viersen trägt auch dieses Freibad den Namen Josef Kaisers, da es auf eine seiner Stiftungen zurückgeht

Viersen, Losef Kaiserbad

Das unterschlächtige (d.h. von unten getriebene) Wasserrad der Kaisermühle (Vorkriegsaufnahme)

Der Stadtgarten an der Bahnhofstraße hat bis heute seine Gestalt nur wenig geändert

Die Viersener wußten immer schon zu feiern, hier 1895 den Sieg bei Sedan. Daß die Germania leicht karnevalistische Züge trägt, war sicher nicht beabsichtigt

Der Viersener; Originale

Den Viersener als »Species« gibt es sicher nicht. Jedoch haben sowohl der Mediziner Dr. Aloys Schmitz als auch der Kaplan Dr. Peter Norrenberg um 1870 versucht, einige charakteristische Eigenschaften der Viersener Bevölkerung aufzuzeichnen, die damals auf viele Viersener zugetroffen haben sollen. Erwähnt sei auch der Nationalökonom Alphons Thun, der über die Weber am gesamten Niederrhein geschrieben hat. Schmitz schränkt bei seiner Darstellung vorsichtig ein, daß der Charakter der Einwohner Viersens »schwer zu erfassen und zu bestimmen« sei. Ob dies aber, wie er meint, Folge der »Vermischung mit fremden Elementen« ist, darf mit Fug und Recht bezweifelt werden. Außerdem macht er einen Unterschied zwischen »der vornehmen Klasse«, die sich oft absondere, und den einfachen Leuten. Schließlich gäbe es noch einen spürbaren Gegensatz zwischen »dem Dorf« und Rintgen, der in der Tat bis in unsere Zeit, wenn auch nur sehr abgeschwächt,

bestanden hat. Allen Bevölkerungsschichten gemeinsam sei die konfessionelle Toleranz. Die Landbewohner und der »gemeine Mann« seien »der Masse nach nicht zuvorkommend, nicht leicht zugänglich, sondern eher zurückhaltend«. Schon dem Gesichtsausdruck sähe man den Ernst an. Ein Fremder könne nur schwer heimisch werden. Ja, die jungen Leute belustigen sich nicht einmal »bei der Arbeit, im Wirtshaus, in den Straßen ... mit Gesang«. Bei der Unterschicht säße das Messer locker. Als Zeichen des diesen Leuten innewohnenden »Vandalismus« wertet er, daß die jungen Bäume an den Straßen regelmäßig zerstört würden, »was andererwärts selten« vorkomme. Weiter führt er an, daß die Bevölkerung sehr religiös sei und daher aus Viersen viele Geistliche und Schwestern stammten. Schließlich, und das störte ihn als Arzt sicher nachhaltig, schätze man in Viersen »die Aftermedicin«. Dazu schreibt er in einer Anmerkung: »Unter Anderen hatte der sog. Doctor Bister, weil er sich mit der Urinschau befaßte, einen Namen; Frau Mink stand zu ihren Lebzeiten in besonderem Ansehen, namentlich bei der Frauenwelt ... Von den Medikastern der

»Zwei Störche« hat der Fotograf dieses Bild genannt. Ob er die Kinderschar in Anspielung auf den Volksglauben, der *Storch bringe die Kinder, mit auf das Bild gebracht hat, ist nicht überliefert*

jüngeren Tage schweigt vorläufig die Geschichte . . . « Ob die Liebe zur Volksmedizin so typisch für Viersen gewesen ist, muß ebenso offenbleiben wie die Feststellung, der Vandalismus sei hier besonders augenfällig. Alphons Thun hat in seiner »Industrie am Niederrhein« diese Behauptung mit Nachdruck zurückgewiesen. Nur in der Zeit nach dem Krieg 1870/71 habe für kurze Zeit der als »ein tüchtiger Bursche« gegolten, »welcher ›fix mit dem Metz bei der Hand‹ war«. Es sei sicher, »daß seit dem großen Rückgange 1872 sämtliche Excesse abgenommen« hätten. »Es behaupten vielmehr alte und besonnene Männer«, so fährt er fort, »es sei in dieser Beziehung gegen früher bedeutend besser geworden. Zahlenmäßig wird das kaum festzustellen sein, schon der wechselnden Strafgesetzgebung wegen, doch sind sensationsbedürftige Journalisten und arbeiterfeindliche Fabrikanten die unzuverlässigsten Quellen.« Die Jahre 1871/72 dürfe man nicht zugrunde legen. Es sei auch nicht klar, »inwieweit die Arbeiter mehr demoralisirt waren als alle übrigen Stände«. Dann wird sein Urteil schneidend, denn er meint: »Bei den Arbeitern wird die Zuchtlosigkeit

sich mehr in Messeraffairen, bei Kaufleuten im Betruge äußern.« Für Thun sind die Weber und damit die Masse der Bevölkerung »geistig lebendig«. Sie haben »ein bewegliches Auge, welches dem hin- und herschießenden Schiffchen mit Aufmerksamkeit folgt . . . «. Wegen der komplizierten Webtechnik haben sie »Scharfsinn«, sogar die Samtweberinnen gälten »nicht als die dümmsten Mädchen im Dorf . . . «. Er stellt eine furchtsame Vorsicht und Zurückhaltung der Weberbevölkerung fest, weil sie den Webmeistern und Fabrikanten gegenüber »stets auf der Hut« sein müssen. Prägend für das Leben des Webers sei letztlich die Konjunktur. »Ob die Weber«, so schreibt er, »ein leichtsinniges Völkchen, ob sie gut essen und trinken, tanzen und singen, ob sie Excesse verüben oder friedlich leben, ob sie gesund sind oder krank, ob sie Bourgeois oder Socialdemokraten spielen – alles hängt von der Konjunktur ab«.

Peter Norrenberg stimmt in den meisten Beobachtungen mit dem praktischen Arzt Schmitz überein. Er spricht von einer »dem Viersener Charakter eigene(n) aufbrausende(n) Heftigkeit, die sehr eine Eigenthümlichkeit aller Weberdistricte«

Festzug auf dem Neumarkt (heute Gereonsplatz), Ecke Große Bruchstraße. Der Neumarkt war früher (siehe rechts) noch teilweise bebaut

sei. Schon 1806 habe der Viersener Bürgermeister geklagt, daß die jungen Leute so wild seien, »daß weder die Polizei noch der Teufel« ihrer Herr werden könnten. Norrenberg bestätigt auch, daß die Viersener in schwierigen Krankheitsfällen gerne bei »Wunderdoctoren« Rat gesucht hätten. Er erwähnt namentlich Conrad Bister, der 1813 als »Wasserbeschauer« aufgetreten sei. Der Geistliche nennt selbstverständlich ebenfalls die starke Religiosität der Viersener wie auch die Toleranz, doch sei »das friedliche Nebeneinander der beiden Confessionen ... erst nach unangenehmen Kämpfen herbeigeführt« worden. Damit gibt Norrenberg zu erkennen, daß er nicht, wie Schmitz es tut, von einem ursprünglich guten Volkscharakter, der »unter dem Einflusse des verflachenden und ausgleichenden Stadtleben« gelitten habe, ausgeht, sondern annimmt, daß sich auch gute Eigenschaften entwickelt haben können. Schmitz entgangen ist das, was Norrenberg als »einen der schönsten und ansprechendsten Charakterzüge des Viersener Volkes« bezeichnet, nämlich »die Hochhaltung der Nachbarpflichten. Es mußte schon ein heftiger, aber selten vorkommender

Conflict vorliegen«, so schreibt er, »wenn die Nachbarfreundschaft, die in der gewohnheitsmäßigen Aushülfe bei allen wichtigen, angenehmen wie unangenehmen Ereignissen des Lebens bestand, aufgesagt wurde.« Norrenbergs Beispiele dafür stammen zwar aus dem 18. Jahrhundert, doch bemerkt er in einem Nachtrag, daß die Gebräuche und Anschauungen, die er schriftlichen Quellen entnahm, noch zu seiner Zeit fortlebten, wie er aus eigener Anschauung und Bestätigung seiner Gewährsleute wußte. Die Verschlossenheit der Viersener, von der Dr. Schmitz erzählt, fiel gleichfalls Norrenberg, der ja ein Zugereister aus Köln war, auf. Doch sei diese nur vordergründig. Nicht zu Unrecht führten die Viersener in ihrem Wappen die Mispelblüte, »deren Frucht auch erst unter der Einwirkung der Zeit die saftige Weichheit« erhalte. Und noch in einer anderen Weise sei die Mispel charakteristisch. Sie gelange »erst durch die Dauer zur Reife«. Das gelte auch für Viersen, das »durch die eiserne Arbeitskraft, durch die unverdrossene industrielle Thätigkeit seiner Vorfahren von den kleinsten Anfängen zu der Bedeutung emporgeblüht (sei), die es nunmehr (ein-

Wenn der Gesellenverein seinen Jahresausflug machte, durfte der Fotograf nicht fehlen. Er nahm, da der Verein nicht groß war, auch gleich die Eisenbahner und andere Reisende mit auf die Platte

nehme)«. Da schwingt der unverkennbare Ton des Stolzes über das Erreichte mit, da wird die Leistung der Industrie, was längst nicht bei allen Geistlichen üblich war, anerkannt. Die Meinung seines Zeitgenossen Schmitz, die höheren Stände lebten exklusiv, teilt der Kaplan nicht. Er spricht von der »harmonischen Übereinstimmung der verschiedenen Stände«, preist den noch fortlebenden »offenen, biederen Charakter der altfränkischen Zeit«, womit er wohl die Bräuche und Sitten der Vorväter meint, ruft auf »in dem Eifer für die nationale Erziehung ... (der) Jugend, in dem mannhaften Eintreten für Wahrheit, Aufklärung und Gerechtigkeit« auszuharren, »damit so in dem wetteifernden Interesse des Einzelnen für die Gesammtheit und der Gesammtheit für jeden Einzelnen die Errungenschaften der Vorzeit gewahrt, neue erworben ... (würden) und Viersen so auch in der Zukunft mit der alterprobten Kraft mitwirke in der Culturentwicklung unseres großen deutschen Vaterlandes«. Ungewöhnliche Worte eines ungewöhnlichen Mannes, die nicht frei von nationalem Pathos sind. Doch wurden sie 1873, wenige Jahre nach der langersehnten deutschen

Einigung, verfaßt. Es ist freilich mißverständlich, daß Norrenberg, der, wie sein Werk zeigt, nicht vom Modernismus angehaucht war, sich hier für das »mannhafte Eintreten für Wahrheit, Aufklärung (!) und Gerechtigkeit« einsetzte. In jedem katholischen Lexikon der Zeit konnte man lesen, daß mit »Aufklärung« seit dem Anfang des 18. Jahrhunderts »eine rationalistisch ungläubige Richtung« bezeichnet wurde, »die den positiven christlichen Glauben als unwissenheit und Finsternis« betrachte (Herder-Lexikon). Norrenberg muß wohl Unterrichtung damit gemeint haben. – Doch wir sind abgeschweift. Nachzutragen bleibt etwas über die Geselligkeit der Viersener. Nach Schmitz pflegten sie »abends nach gethaner Arbeit im Wirtshause beim Glase Bier Erholung und gesellige Unterhaltung zu suchen«. Und Norrenberg meint, »für den öffentlichen Ausschank der Getränke war in Viersen von altersher hinreichend gesorgt«. Die Feststellung von Schmitz, daß »an den Wochentagen ... viele Schenken von auswärtigen Webern, die fertige Fabrikate abliefern, Löhne und Rohstoffe in Empfang nehmen, stark besucht« waren, zeugt einmal von dem damals noch

Johannes Deussen, der von sich sagte, er sei der dickste Kutscher der Welt und 449 Pfund auf die Waage brachte

Ecke Dülkener Straße/Alter Markt um 1900 mit der kleinen Brücke über den Dorfer Bach

Viersen, so wie es im 19. Jahrhundert war, mit allen Sehenswürdigkeiten

verbreiteten Verlagssystem, auf das an anderer Stelle eingegangen worden ist, und zum anderen von der Gefahr, den Lohn oder einen Teil davon in Schnaps oder Bier umzusetzen. Der »Fouseltapp«, wie das Wirtshaus meist im 18. Jahrhundert hieß, war eine feste Einrichtung. 1774 zählte man bei einer Bevölkerung von etwa 4000 Einwohnern 19 davon, d. h. auf 210 Einwohner kam ein Wirtshaus. Hundert Jahre darauf brauchten sich nur noch 1:188 ein Wirtshaus miteinander zu teilen. Später nahm die Wirtshausdichte wieder ab, so daß zur Zeit der Eingemeindung die Verhältniszahl 1:224 betrug. Man sieht, daß der Ausspruch von Norrenberg seine Gültigkeit behielt, ja, daß eigentlich immer gut für den »öffentlichen Ausschank« gesorgt worden ist.

Im alten Viersen lebten eine Reihe stadtbekannter Originale, über die F. Hasenclever vor einigen Jahren berichtet hat. Hier sei nur der Kutscher Johannes Deussen erwähnt. Er

war Hauderer, eine typische rheinische Berufsbezeichnung, die soviel bedeutet wie »Lohnfuhrmann, Fuhrunternehmer«, der Kutschen für die Reisenden bereithält (Rheinisches Wörterbuch) und wohnte auf der Großen Bruchstraße. Deussen, ein zuverlässiger Kutscher, war bekannt wegen seiner enormen Körperfülle, der, wie Hasenclever in Erfahrung bringen konnte, »zuletzt genau 449 Pfund auf die Waage brachte«. Schließlich war er zu dick, um noch auf den Kutscherbock klettern zu können. Ein Lebensmittelgeschäft, das er nun anfing, füllte ihn nicht recht aus. So ließ er sich schließlich von dem Viersener J. Lankes überreden, unter seiner Regie als der »schwerste Kutscher der Welt« aufzutreten. Die Sache schlug ein, beide reisten durch die Welt. Deussen gastierte sogar mehrere Wochen im Lunapark im russischen Petersburg. 1917 ist er, nur 46 Jahre alt, gestorben. Vielleicht ein Opfer der schlechten Zeiten.

Inhaltsverzeichnis

Benutzte Literatur:

M. Bär: Die Behördenverfassung der Rheinprovinz seit 1815. Bonn 1919
T. Bohner: Kaiser's Kaffeegeschäft G.m.b.H. Viersen/Rhld., in: Der offene Laden. Frankfurt a. M. o. J. S. 112–117
W. Brendgens: Die wirtschaftliche, soziale und kommunale Entwicklung von Viersen. Viersen 1929
R. Bürger: Hundert Jahre Städtische Sparkasse Viersen. Viersen 1954
R. Bürger: Viersen hundert Jahre Stadt. Köln 1956
C. W. Clasen: Viersen. Düsseldorf 1964 (Die Denkmäler des Rheinlandes)
P. Dickmann: Geschichte der Pfarre St. Josef, Viersen. Viersen 1967
F. Dohr: Das Feuerlöschwesen von Viersen. Viersen 1967
F. Dohr: Der Konvent Sancti Pauli Bekehrung in Viersen 1408–1802. Viersen 1974
Evangelische Gemeinde Viersen 1705–1955. Viersen 1955
W. Fränken: Die Entwicklung des Gewerbes in den Städten Mönchengladbach und Rheydt im 19. Jahrh. Köln 1969
K. Friedrich: Marc Antoine Berdolet. Mönchengladbach 1973
Führer durch Viersen und seine Umgebung. Viersen 1910
J. Hansen: Quellen zur Geschichte des Rheinlandes im Zeitalter der französischen Revolution 1780–1801, Bd. IV. Bonn 1938
F. Hasenclever: Viersener Originale, in: Heimatbuch des Kreises Kempen-Krefeld 22, 1971, S. 186–190
v. d. Hart: Virsen in Wort und Bild. Aachen o. J.

W. Klompen: Die Säkularisation im Arrondissement Krefeld. Kempen 1962 (Schriftenreihe des Landkreises Kempen-Krefeld 13)
F. W. Lohmann: Geschichte der Stadt Viersen. Viersen 1913
U. Meier: Kaiser, Josef, in: Neue Deutsche Biographie, 11, 1977, S. 43
W. Mellen: Der Viersener Stadtbauplan von 1860, in: Heimatbuch des Kreises Viersen 30, 1979, S. 13–24
P. Norrenberg: Aus dem alten Viersen. Viersen 1873. Nachdruck Viersen 1962
P. Norrenberg: Aus dem Viersener Bannbuch. Viersen 1886
P. Norrenberg: Geschichte des Dekanates M. Gladbach. Köln 1889
V. Peiners: Josef Kaiser. Essen 1937
A. Schmitz: Medicinische Topographie des Schwalm- und Nette- und eines Theiles des Niers-Gebietes insbesondere der Stadt und Gemeinde Viersen. Viersen 1871
F. J. Schröteler: Die Herrlichkeit und Stadt Viersen. Viersen 1861
Statistik des Kreises Gladbach. o. O. 1863
A. Thun: Die Industrie am Niederrhein und ihre Arbeiter. Leipzig 1879
W. Tillmann: Friedrich von Diergardt, in: Heimatbuch des Kreises Kempen-Krefeld 25, 1974, S. 80–90
W. Tillmann: Friedrich von Diergardt und seine sozialen Taten, in: Heimatbuch des Kreises Kempen-Krefeld 22, 1971, S. 180–186
Viersen, in: Rheinisches Städtebuch, Stuttgart 1956
Außerdem wurden Verwaltungsberichte, Zeitungen und Adreßbücher ausgewertet.

Bildnachweis:

Die meisten Bilder stammen aus dem Bildarchiv der Stadt Viersen, das Herr Tichy betreut. Außerdem stellten mir Frau Dr. Brües und die Herren Dr. Chargé, Dr. Mackes und Vosdellen Bilder zur Verfügung. Die Bilder auf den Seiten 75, 76, 77 und 78 sind aus dem Bildarchiv des Landeskonservators in Bonn, die auf den Seiten 48, 51, 52 lieh Frau Alice Dörrenberg geb. Kaiser, die auf der Seite 84 Herr Georg Schmidt aus. Allen sei recht herzlich gedankt.